LENGENDARY INVESTMENT

传世投资

关善祥 著

上海财经大学出版社

图书在版编目(CIP)数据

传世投资/关善祥著. —上海:上海财经大学出版社,2020.11
ISBN 978-7-5642-3600-7/F·3600

Ⅰ.①传…　Ⅱ.①关…　Ⅲ.①股票投资-研究
Ⅳ.①F830.91

中国版本图书馆 CIP 数据核字(2020)第 125871 号

□ 策划编辑　王永长
□ 责任编辑　王永长
□ 封面设计　贺加贝

传世投资

关善祥　著

上海财经大学出版社出版发行
(上海市中山北一路 369 号　邮编 200083)
网　　址:http://www.sufep.com
电子邮箱:webmaster @ sufep.com
全国新华书店经销
上海颛辉印刷厂有限公司印刷装订
2020 年 11 月第 1 版　2024 年 11 月第 5 次印刷

890mm×1240mm　1/32　8.125 印张(插页:2)　219 千字
印数:16 001—19 000　　定价:98.00 元

前　言

◆ 贫穷就像传染病，传染了一代又一代人。

一切皆是缘。1997 年我看了一本关于股票投资的书，从此改写了我的一生。看完此书之后，我便瞬间决定从此我的一生就是投资的人生，我的命运便从此与投资结合在一起。二十几年后我写了这本《传世投资》，我将全部的投资智慧写于此书中。所谓传世投资，是我遵循的价值投资方法以及积累的财富要世代相传的期望。我把经过十几年积累的投资方法，归纳总结并提炼为“十圣道”。本书中所谓的“圣道”，是指价值投资者应该遵循的“金科玉律”，如此而已。

我曾经因为一本书得道，现在写一本书还缘，写给我的子孙及后世有缘之入。随着时间的推移，阶层的渐渐固化，向上突破的机会越来越少，这本书的战略意义会越来越大。

当你们看到这封家书的时候，我可能行将就木，也可能已经作古。我想将我的经历、一些思考，以及我这一代人发生的事写下来，留给我的子孙参阅。

我的爷爷是农民，我的父亲也是农民，早年我们的生活过得非常艰苦。常常因为没有饭可以吃，只能去向一些亲戚朋友借些瓜菜来充饥，甚至连瓜菜都借不到。因为在农村地区，瓜菜来得相对容易，只能以此充饥，但有时我家连瓜菜都吃不上。

正因为早年时期是如此的艰苦，我爷爷及父亲养成了非常节俭的习惯，一种习惯一旦养成就不容易改变，这种美德伴随了他们的一生。到了我长大之后，家境已经得到很大改善，虽然不是很富有，但至少可以过上一般人的生活，可以吃饱饭，可以供我读书，要知道之前爷爷他们可是地道的贫民。

我看过一本小说，里面的主角是一个罪犯，通过犯罪获得金钱，将金钱用于儿子的教育。当警察把他抓获的时候，问他为什么要犯如此多的罪行。他供述："我的父亲很贫困，到了我这一代也很贫困，贫穷就像传染病，传染了一代又一代人，我绝不能再让自己的儿子贫困了！"

贫穷就像传染病，传染了一代又一代人。这句话对于我来说是直击心灵。尽管他用了错误的方法，但他依然努力地去改变家族的命运。

正因为我的家庭早年是如此贫困，以至于我整个童年就是在思考如何改变家族这种贫困的命运。这种家庭环境让我从小对于金钱有一种异乎常人的执念。我从小到大思考的就是应该寻找一样什么的生意，可以大发其财，可以赚很多很多钱。

得益于中国改革开放的春风，我们开始做点小生意。我们开过酒楼、汽车美容店，做过棉花贸易、塑料加工厂、金属冶炼厂。

这些小生意，极大地改善了我们家庭的财务结构。但我心中隐隐觉得，这些都不是我想要的。它们持续的时间都不长久，一个生意刚开始赚了些小钱，但很快情况就开始转差，我们被迫要将前一个生意赚到的利润投资到新的生意中去。然后这样一个个恶性循环开始形成。

我见证了一个又一个生意的兴衰，准确地说，应该是这个生意还没有真正兴旺就开始走向衰落。从来没有一个生意真正持久过，赚过大钱，似乎我们又逃不过最终又要归零的贫困命运。

这一切的原因就是，时代变化太快，市场需求不断地在改变。更重要的原因是，我们没有关系，没有资源，甚至没有学识，依靠着本能，依靠着一些打听的消息去做一些自认为可能会赚钱的生意。所以一个个生意诞生又死去，这种生意根本无法传承。家族命运刚刚开始有些改善，但生意上又出现困境，我的子孙难道又要再次陷入贫困？

正因如此，此时我思考的重点转变为如何能够找到一个可以持久的生意。我希望这个生意可以一代又一代人传承下去，那种可怕的贫困永远不要再来了。

我最后找到的方法就是：价值投资。通过一套简单而有效的方法，可以将上一代的积累传承下去，并能让每一代发扬光大。

所以，我建立了这个家族基金，我是这个家族基金的创始人。

这一切灵感，都来源于在12岁时我看到的一本书。这本书介绍了一个复利公式。

1.15的100次方＝1 174 313

在我看来，这是世界上最优美的数学公式。

当你的年收益率是15%，复利100年，就是100万倍！

当时的我正想尽一切办法，计划未来的我成年后如何才能改变家族贫困的命运，这条公式给了我明确的指引。假若当年没有看到这个复利公式，可以说便没有今天这一切。这是我的命运之公式。

这样，我的计划就变得明确且有方向，有具体的执行计划。就是我要努力存钱，只要我每年存到1万元的原始投资本金，通过不断的复利，100年之后将变成900亿元，这样通过两三代人的隐忍，整个家族的命运就可以改写。

表0—1　　1万元年化15%百年复利

时间	存入(万元)	投资收益(万元)
第1年	每年存入1万元	1.15
第2年	每年存入1万元	2.47
第3年	每年存入1万元	3.99
第4年	每年存入1万元	5.74
第5年	每年存入1万元	7.75
第6年	每年存入1万元	10.07
第7年	每年存入1万元	12.73
第8年	每年存入1万元	15.79
第9年	每年存入1万元	19.30
第10年	每年存入1万元	23.35
第20年	每年存入1万元	117.81
第30年	每年存入1万元	499.96
第40年	每年存入1万元	2 045.95
第50年	每年存入1万元	8 300.37
第60年	每年存入1万元	33 602.99

续表

时间	存入(万元)	投资收益(万元)
第70年	每年存入1万元	135 966.19
第80年	每年存入1万元	550 082.41
第90年	每年存入1万元	2 225 413.49
第100年	每年存入1万元	9 003 062.12

这个就是我当时脑海里的计划！实现家族资产百万倍的增长，从此摆脱世世代代贫困的宿命。

一个没有背景、没有资源的人如何能够改写他的家族命运，这是我唯一看到最有希望的方案，而且是最简单有效的方案。唯一的难点在于，我需要长时间的忍耐，也需要教育我的子孙后代，为了全体利益而牺牲局部利益。

当时谁会想到，一个才12岁的孩子已经在计划100年之后的事情，在他小小的身躯中有一颗巨大的心脏，愿意为百年后的子孙牺牲一切消费享乐，只为改变家族的贫困。他的意志是如此的坚定，以至于没有任何东西能够阻止他实行这个百年复利计划。

这一切，来之不易呀！今天我创立这个家族基金，不是我个人的功劳，是跨越了三代人的努力。从爷爷到父亲，再到我，才积累出这个基金的原始资本。

改变贫困的命运是如此的艰难！希望后人能珍惜这来之不易的资源。你们现在一次聚餐的花费，可能就是当年我们一个月的收入，甚至是一整年的收入。你们现在能够读上最好的学校，你的聪明才智只占了1%的比例，99%的因素是经历了几代人的努力；国家的强大，才让子孙后代有如此优越的环境，你们的成功是建立在前辈的积累上面，所以必须要珍惜眼前这一切。我期望你们能够在先辈们奋斗的基础之上，再创辉煌。

受益于中国的改革开放政策，我的投资收益比原来每年15%的收益预期高出很多，这给了我们更大的空间。现在家族基金比我预想的积累时间缩短了很多年，但一切大方向没有变，如何传承下去依然是每一代子孙应该共同努力的方向。

据2016年的统计，在日本有上百年传承的企业及个人事业数量高达10万之众，甚至有数家上千年历史的企业。我对这种代代相传的匠人精神感到无比的感动。每当家族中有子孙成年之际，我便带他们去拜访所有这些千年企业，然后告诉他们，传承千年，这就是我们全体家族的最高目标。虽然现在我可能已经不在人世，我要求大家把这种传承教育一代一代地做好，要有战略的高度，要有万世的思考。这就是我们家族的目标，也是要落到你们肩上的重大责任。时代变迁，国家兴亡，或许我们的财富会消失，但只要这种千年传承的精神一直存在，哪怕我们家族一无所有，终有一天又会重新崛起。

在日本做一碗小小的拉面，做一个小小的寿司，也能传承几百年。那么，我在思考，我们家族应该依靠什么传承下去，在我死后几百年还能发挥这个影响力。

从我这一代开始，我便确立起今后家族的战略方向：投资传世。

一种技能之所以能够传承，必须是简单、可持久重复。不能说因为我是一个投资天才就能把这个事情做得很好。后世呢？后后代？世世代代，总不会每个入都是天才，都是智者。所以，我做的最重要的工作是确立大方向、大原则。把投资中最简单、最本质的法则总结出来，让后世子孙通过这些简单的法则都可以很容易持久地复制，让投资这项事业代代相传。

代代相传必须要把繁杂的事情简单化，化繁为简。只保留那些千百年行之有效、放之四海而皆准的法则。

这样化繁为简后，最简单的事情就可以重复实行。年复一年实行，世世代代相传，财富自然越积越多。

虽然是年复一年做着重复事情，但我们要一辈子用心地做好这件事，用几百年的战略眼光去做。

要真真正正明白“复杂的事情简单做，简单的事情重复做，重复的事情用心做”的含义。这不是一句简单的激励说语，而是写入传世家书的重大原则。

通过投资这个技能，一代代地传承下去。所以我需要写《传世投资》，告诉子孙后代，什么是投资，应该怎么去投资。

我创立了这只家族投资基金，我期望离世的时候，家族投资资金能够达到1万亿元的规模。1万亿元相当于目前人均收入的2 000万倍，即普通人工作2 000万年的收入积累。这是我毕生追求的目标。

当然，这个目标不一定能够达成。能不能达成已经不是重点。人生在世，要有点追求，要挑战一下自己的极限，最终能不能成功，一切看天意，不必太执着，我们享受这个创业的过程即好。

即使无法达成1万亿元的目标，我也不会觉得遗憾，我相信只要这种思想能够传承下来，到了我儿子，或者孙子这一代人，便可实现这个宏伟的计划。

最重要的是，我通过一生的经历，为子孙后代留下一段教科书式的人生历程，作为后世的一个指引，让他(她)们知道每天醒来要做什么，每一天都过得有意义，思考自己的人生，从而追求自己的人生。将自我的人生意义与家族意义结合起来。

家族是什么？家族其实就是你们自身，你们每一个人，你们的子子孙孙就构成了整个家族的全部。传承家族的事业即是传承自我的意志,追求自我的意义。家族事业的传承,从追求自我到追求无我。

很荣幸,我出生于这个幸运的时代,我感恩这个时代。如果我没有出生在中国这个和平崛起的时代,一切家族战略就不可能实现。没有祖国的强大,不可能有家族的强盛。借助这个时代的东风,我很荣幸成为家族投资基金的创始人,并提出投资传世的家族万世战略。作为子孙后代的你们,应该也很荣幸参与这样一个伟大的家族战略,你们每一个人都要为家族的发展贡献巨大的力量。家族的发展归根到底是人才的传承。没有一代又一代人的支撑,家族最终会衰落。

通过事业的传承获得了财富,获得了地位。财富地位的传承,在我眼中不过是一种教育工具。告诉你通过做这件事,获得成就,更重要的是,你必须明白当中更重要的意义。事业财富地位只是工具手段,目标是让各位参与的子孙后代,紧紧围绕着一个振兴家族的共同目标而奋斗,这种向心力是巨大的。

参与事业传承的过程中,你会学习到很多好的品德。你慢慢会明白,传承不是一件简单容易的工作。你需要极大的耐心,要有百年的远见,你时刻需要克制自己原始的欲望,建立良好的声誉。声誉也好,事业也好,建立需要一辈子,而毁灭它们只需要一天甚至是一分钟。

无论什么事业要做好都不容易,信誉的建立需要长时间的积累。我做过销售蜂蜜的生意。蜂蜜是一个非常好的天然营养品,大家都知道蜂蜜好,但无奈市场上假的蜂蜜太多。而刚好我们的亲戚是自养蜂蜜的,每年都产有大量的蜂蜜。对于我们这个亲戚来说养蜂只是一种兴趣爱好,所以他并不追求利润，追求的是一种品质，他的蜂蜜质量非常好，是纯净的蜂蜜。基于这点，我把蜂蜜向外推广销售，一方面可以解决他的蜂蜜销售问题，另一方面可以帮助寻找纯净蜂蜜的人。这本来是一个极好的事情。

但在销售开始之时，我遇到了很多质疑。有人怀疑我的蜂蜜是假蜂蜜，有人怀疑我渗了水。尽管我问心无愧，尽管我知道这的的确确是好蜂蜜，但要取信于人却花了很长的时间，而且也总会有人怀疑你，永远会有的，你不可能说服所有人。因为市场上假的蜂蜜太多，人工蜂蜜更甜、更浓，色泽更好看。以至于大家都被这些表面的现象迷惑了，分不清楚什么是真、什么是假。

无论你做的是多么正确的事情，总会有人怀疑你，但不用担心，不要分心，坚信自我，继续前进！

通过这个小事告诫子孙，凡事不能看表面，要用一种思考本质的思维，永远要有追求事物本质真相的精神。表面现象是无穷无尽的，会很容易使我们迷惑，只有时刻追求本质真相，才能够看清整个事物的发展，看到它未来的趋势。只有真相，只有本质，只有最简单的事物，才能永恒地流传下去。

但当你理解我的思想，深刻地明白，我无论做任何事情，都是基于对未来 50 年、100 年的考虑，你就会知道我绝不会为了一点点的金钱而去做假，去损害自己的声誉。一件不够优秀的产品，怎么能够销售 100 年呢？想想这点，就会明白我的战略思维方式。

我提出这件事情，就是要告诉我们的子孙，做任何事情都不容易，即使是销售蜂蜜这样一件小小的事情，要真正做好，用心做好，要取得别人的欣赏，都是一个艰难的过程。你们必须时刻记住，金钱可以损失，但为了金钱而损失信誉，是最愚蠢的事情。所以我希望,我的后代要好好地珍惜自己的声誉,绝对不要做违背道德的事情。

当你学习了我的传世投资的思想,纯熟地运用了其中的投资技术,财富就会如同洪水般涌来,我们家族世世代代不再缺乏财富。更重要的是,一步一步,通过一代又一代人的努力,建立起家族的声望信誉。

事业的传承,归根到底是家族文化的传承,是人的教育,人才的培养。投资这个工作,不只是让我们获取一定的生存物质,更重要的是,它作为教育的手段,教导我们养成好的品德。这才是万世传承的根本所在。

为什么我要把投资事业确定为今后我们家族万世传承的事业呢?首先,当然是因为投资事业易于传承。只要通过本书学习一些简单的原则,后代人人都可以成为出色的投资家。而投资复利是非常赚钱的一个事业。

当然钱还是其次。投资别人的成功事业,让那些精英、那些又聪明又努力的人为我们工作,而我们只需要决定把资源投资在哪里,什么时候投即可,不需要劳心劳力。这样我们可以放空心灵,释放出时间,保养我们的身体,加强学习,武装我们的头脑,增长我们的见识,净化我们的心灵。

金钱财富只是一个工具,让我们的后辈不再为金钱而烦恼,不再用为生计而劳碌,让我们的世世代代有能力接受良好的教育。

人生只有短短几十年,但绝大多数人把时间都花在赚钱上,花在生计上。人们做着讨厌的工作,赚取微薄的收入,只为了养家糊口,只为了支付子女高额的学费、父母的医药费。这种人生就像一个牢笼,紧紧地锁死了我们的心灵。

很多成功的企业家,企业得到认同,得到地位,获得了金钱财富。看似成功了，但实质上他们依旧被这种牢笼锁死了。人到中年，患癌症的，压力过大的，为了财富严重损害了自己的健康。也从来没有时间慢下来，思考一下人生的真谛。我们到底为何而活在这个世界？我们到底这短短几十年应该追求什么？

这也是没有办法的事情呀，为了生活，为势所逼。

世界上只有极少数幸运的人，能够用爱好来赚钱。我就是这里面的极少数的幸运儿之一。

12 岁接触了投资，树立了今后百年的投资规划。我热爱投资这个事业，投资对于我来说，就像是鱼在水里游、鸟在天空飞一般自然的事情。

投资固然带给了我洪水般的财富，但如果人一辈子就是为了金钱，他将迷失了方向，这种人生太可怜了。

投资的本质是一种人性的洞察。人类都有喜怒哀乐惊恐悲，这是人性之使然，人皆有之。我作为一个普通人，当然也有各样的情绪。但当我领悟了投资之道之后，发现投资之道与人生之道是相通的。投资要做得好，必须要剖析人性，直面人性最黑暗的一面：克服贪婪，战胜恐惧。无论多少人反对你，都要坚持自我，以前人所未有之远见，洞察出价格与价值的错配。你所做的事业之伟大，你所做的事业之孤独，没有多少人会理解，你只能默默地、孤独地进行。我们要学会享受孤独，在孤独中思考人生的真谛。

为了投资大业，你要放弃很多伤害身体有损健康的世俗娱乐。这辈子我不吸烟、不喝酒、不赌博，甚至不吃肉。只为获得更长的生命，更长的投资复利时间，以便为我们家族的百年大计再贡献尽可能多的时间。

在世俗人眼中，过着这种和尚般的生活是一种巨大的痛苦。一个人之所以能甘于平淡，日复一日过着看似枯燥无味的生活，这绝对是因为这个人有着巨大的精神信仰。

在我眼中，这种生活不仅一点不痛苦，而且我也非常的享受。我的信仰来源于要立志改变家族的命运，通过百年的规划将家族带上一个更高的层次。而每过一天，我的目标又近了一步。这种生活对于我来说非常有意义。

刚刚开始投资是为了获得财富。但满足了衣食住行之后，很快你会发现，金钱不过是一个数字游戏。再多的财富，没法换取多一点的幸福。即使富可敌国，没有办法换来健康的身心。临终之时，你全部的财富无法再换来多一秒钟的生命。一切又还了回去，我们的身体再次化为尘埃。

投资不仅仅是获得了巨大的金钱，在投资的修行过程之中，也是对自我人性弱点的修行，获得巨大的精神修养。我的心灵前所未有的平静。无论我这一生经历了多少次熊市，多少次经济危机，多少次财富暴跌，都可坦然面对。

投资让我们不必要为节俭而感觉羞愧，不需要用炫耀去证明你的富有，不必为了得到生意而去逢迎他人，更不必为了金钱而损害自己的建康，甚至是违反法律。你完全可以成为一个道德高尚的人，拥有简单而节俭的生活方式，无须应酬，大量自由支配的时间花费在思考或自己热爱的事情上，用人格而非金钱来赢得尊重。

投资是一个思维的变现，眼光远见的变现。只要你有远见，就可以通过投资获取财富。直接将思维能力转化为财富。这是一个很神奇的事物。试想，以前很多画家、音乐家很厉害，但却贫困一生。因为他无法将他的艺术能力变现。一个人无论拥有多么厉害的能力，多么聪明的头脑，他必须要把这种能力变现才有价值。而投资就给我们提供了这样的一个平台。投资可以说是一种全思维性的事业，不见兵刃。一切的战争，都在大脑中完成。你只需要寻找出市场价格与真实价值错配的目标，就可以从中获取利润。这是一种纯智力游戏。它包含了你对商业模式的理解，对深层次人性的认识，对事物运行规律的把握，最后通过获取利润来证明你当初的决策具有远见。

我希望我的后人，不要仅仅把投资看成为是一件谋生的工具。它是一种商业模式，是人性的哲学，是对事物发展规律的把握，是从过去到现在与将来的一种洞察。这也是我能为后代规划百年战略的原因。不是我有多聪明，而是我洞悉了这种哲学，我预见到了未来。这是事物发展的规律使然。每一个人，均可做到。只需要我们从世俗的枷锁，从金钱的牢笼解放出来，思考人生的真义，思考社会发展运行的规律。

虽然我留给了你们一只家族信托基金，但这仅仅是使得你们不再为金钱而烦恼。往往当你不会为金钱而烦恼的时候，你却会为其他事情而烦恼。你会烦恼这些巨额的金钱要怎么花，最终沉溺于声色犬马，酒池肉林。你会烦恼似乎再也找不到知心好友，他们是否为了金钱而接近我？你会烦恼财富如何保值增值？你害怕有一天会失去一切。你会发现，金钱不仅无法带给你幸福，反而带给你无尽的烦恼。怎么办？

跳出这个牢笼！跳出这个灵魂的牢笼！

金钱不过是我们的谋生手段，不过是验证我们的事业是否做得有成效的一个评判，不过是对我们富有远见的战略的奖赏。通过这样的手段，通过做这样的事业，我们最终的目的是提升自我的精神素养，从追求物质的财富进而追求精神的财富。

获得足够多的财富之后，我对后世有三点建议，也是我正在做的。

(1)你难得出生在这个星球之上，而且成为独一无二的人，有生之年把这个星球走一遍，看看这个神奇的世界，思考一下这个神奇的宇宙。

(2)好好地领略人类思维艺术之美，通过大量的阅读、观察，感受几千年人类的智慧结晶，你会对生命感到不可思议的自豪。

(3)多余的财富无法带给你更多的健康、幸福。照顾好你自己及家人健康。更多的财富用于帮助你的朋友及其他有需要的人身上，帮助别人获得幸福，你自身会感到更加幸福。

这本书是我留给后人最好的礼物。这里面总结了“传世投资十圣道”，只要遵从投资十大“圣道”，富可敌国，便指日可待。而这十大“圣道”却又是如此的简单，简单中包含深刻的智慧。这十大“圣道”不是我的发明，它们早已存在，我只是通过多年的思考观察，感悟得道。希望你们能用心地去感受。

目　录

第一圣道

投资永生，万世常青

◆

这个世界最确定的事情就是死亡

人终有一死，任何事业终有终结的一天。千百年来，风云变幻，多少王朝兴衰，多少企业消亡。连宇宙都可能最终归于虚无，何况我们一个小小的家业。

我一直思考如何基业长青，如何把事业世世代代传承下去。思考了数十年，我最终得出的结论是不可能！

千百年以来，多少当时称之为伟大的企业，今天何在？某一个时代出现了一个天才式的人物，创造前无古人的丰功伟绩，但这功业最终都随着时代的终结而消散。一批又一批的伟大企业崛起，一批又一批的伟大企业消亡。

美国中小企业平均寿命不到 7 年，大企业平均寿命不足 40 年。而中国，中小企业的平均寿命仅 2.5 年，大企业的平均寿命仅 7～8 年。美国每年倒闭的企业约 10 万家，而中国有 100 万家。

一切始于混沌，而归于虚无。

每一个事业都有它的时代属性，时代一过，这个事业就跟随着消亡。覆巢之下，焉有完卵。任你天纵英才，也回天无力。

但一切不必太悲观，即使最后一切归于虚无，我们也要留守到最后一分一秒，不到最后绝不提前认输离场。全人类最终可能消亡，但我们要做到的是最后死的那个。即使全部企业最后都要倒闭，我们也要成为最后倒闭的那家。

最后死的一个企业是谁？投资企业！

投资是一种寄生的方式，从寄生，到永生。

我们不可能样样都懂，事事都精通，人的精力是有限的。怎么办？借力吧！这个事业我做不好，那我投资到别人的事业上。我不是精英，我不能成为企业家，那么投资寄生在这些精英企业家上。

精英也有老的时候，也有被时代淘汰的时候。此时离他而去，再投资一批新的时代宠儿精英企业就行了。

个体将死亡，整体将永生。我有一天将会死亡，但我的儿子、孙子，会代表我的意志继续为家族而奋斗。家族作为我的意志整体将继续传承下去。

每一个企业都会死亡，但人类会继续整体发展下去。企业由人类精英阶层组成，组织各种人才资源进行生产活动，不断地推动人类向前发展，赚取利润。只要人类还继续发展，我们的投资事业就会继续发展。只要人类不灭亡，我们的投资事业就不会灭亡。

投资的本质就是投资人类本身，投资于人类的发展前景，永远和人类最少数的精英站在最顶端。

单个企业终将终结。个体死亡，整体永生。通过无限的个体，创造无限的时空。参见图 1—1、图 1—2。

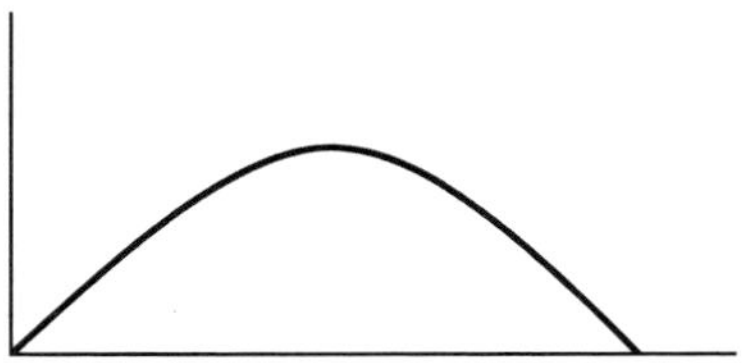

图 1—1　一切企业最终归零

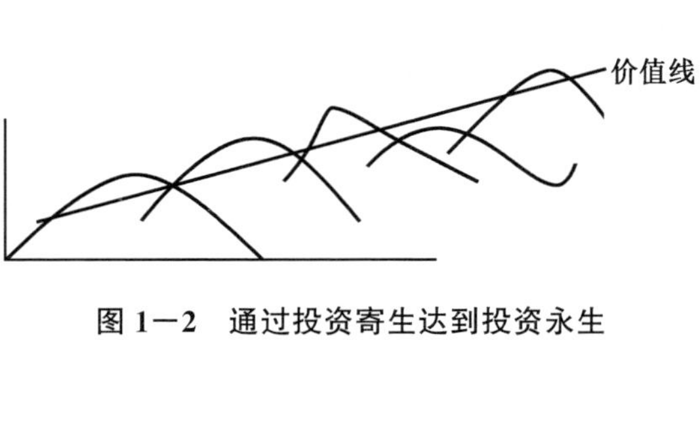

图 1—2　通过投资寄生达到投资永生

我们要从战略的高度去理解，投资别人成功的事业，这就是我们家族今后的事业。别人成功了，我们跟着成功。别人的事业失败了，我们是适度的分散投资，无所谓，也就损失一点点，不会伤筋动骨，不会损害我们整个家族大业的根基。

专注做这单一的事情，把这个投资事业做到极致。

资本市场就是如此现实的一个地方，利润是检验一切理论的唯一标准。任你的理论天花乱坠，无懈可击，但只要不能持久地、重复地赚取利润，就是一个失败的理论。

我的爷爷是一个农民，我的父亲也是一个农民，家境非常贫困。尽管日出而作，日落而息，付出巨大的劳力却没有大的收效，务农的收入实在难以养活家庭里众多的人口。所谓穷则思变，在一家人常常用西瓜、白菜当饭吃的艰难时期，爷爷居然想到带着父亲到广州城里进行贸易买卖。

农村种植的大米很便宜但缺乏加工，广州城里有加工面的价格比农村还便宜。天才般的爷爷不知道怎的灵光一闪，发现了这个生意门道，开始了我家族最早的复利生意。

每天爷爷带着父亲拉着 200 斤的大米到广州城里挨家挨户以米换面。200 斤的大米可以换到 210 斤的面。然后拉着这 210 斤的面又到村里换到 220 斤的大米。

如此的反反复复，依靠着这原始的复利生意，一年下来家里的经济环境居然有了极大的改善。

然而好景不长，当这一法门让村里其他人知道之后，纷纷加入以米换面的行当。仅仅一年之后，因为互相竞争，这个生意所赚的利润还不及人力的消耗，做不下去了。

随着经济的发展，物质的丰富，这个行当很快就成为历史里的一个小泡影。

这是一个短暂而无法持久的生意。以今天的眼光来评说,这个生意显得很“低级”“没有技术含量”,所以命短。然而我们再说一些“高级”“更有技术含量”的生意。

大约从2000年开始,逢年过节大伙聚在一起,我每年都听到一句话:“今年生意真难做。”“今年生意是有史以来最差的一年。”诸如此类的话不绝于耳。

每年都说今年生意差,然后到了下一年,却发现生意更差!这个现象已经持续了十几年,可以肯定的是,还会永远持续下去!

20世纪七八十年代(1970～1980)乘着中国改革开放的春风,一批民营企业家迅速崛起。那个时代物资短缺,只要敢干肯干,干任何行业都是赚钱的。

到了90年代(1990～2000),全民行业都赚钱的时代结束,第一批赚到钱而又有眼光的民营企业开始转型,开始选择性地进入一些新行业。这批人不可谓不聪明,不可谓没有智慧。

然而到了2000年以后,即使是这批有智慧、有能力的企业家,也纷纷面临困境。这批企业经过多年的积累,都是身家上十亿元的,很多已经是某一细分行业的龙头企业,不再是我爷爷载着大米去换面的那个层次可比。而这些“高级有技术含量”的生意,仍旧遭遇我爷爷一样的困境,本质上是一样的——市场饱和。

就在2017年的春节聚会上,听到一位民营企业家与他的儿子的争执。这个企业家的企业已经是当地的一个龙头企业,十几亿元的资产,表面上看上去是很风光,但内里却十分凄楚。十几亿元的投入,一年赚的利润,还不如存在银行里收利息。父亲与儿子的争执就是源于这个企业要不要继续办下去。儿子的意思是这个行业这么艰难,不转型肯定会死。父亲的意思是现在行行都难做，转型只会死得更快。

是呀，一句话道出了多少企业家的心酸。不转型会死，转型死得更快！

这些久经商海的企业家不可谓不聪明，也不可谓没有资金，但要怎么转？转去哪里？这是全行业的困境。

以前做生意，单干就行了，一人走天涯。后来要注册公司，资本至少要几十万元吧。现在百亿元级、千亿元级的资本已经大量集结，十几亿元的只是风雨欲坠的小生意而已，一不小心就被淘汰。

在我儿童时代，春节之前爷爷会带着我们去逛“供销大厦”。供销大厦是计划经济的产物，现在出生的人已经不知为何物。当时物资短缺，商品从工厂生产之后，分配给各乡镇的“供销社”（供销社是一种集体所有制企业），由供销社分销。有很多商品是有钱都买不到的，因为供应有限，实施配给。要买东西，居然要请领导批准，要走关系，在顾客是上帝的今天真的难以想象。这是我爷爷一代人的烙印。时至今日，爷爷去逛商场，依然说“到供销社走走”。在他们的思维中，供销社已经是供应一切物资的代名词。

到了我父亲的一代，他们已经转变了消费的观念。记得2008年北京奥运开幕前，父亲跟我说，“刚刚看到广告大促销，我们到苏宁、国美看看，买台高清电视看奥运。”从爷爷走关系拿批文才能买到商品，父亲已经随时随地可以买到，还天天促销打折。

到了我这一代，基本是足不出户，在家里逛天猫、京东，所有牌子的型号、性能、价格一目了然。还有各种论坛、评论，大量的信息告诉你要买哪种合适。一言不合就差评，一个差评下去，可能会减少他接下来几百、几千个潜在的客户意愿，商家还不把你当作上帝照顾嘛。一键下单，万里之外的商品都能自动送上门来。此时的我正安坐家中，喝着产自 1 000 公里以外的西湖龙井，敲着键盘写文章呢。

“一将功成万骨枯。”这一些现象的背后，是一个时代的转变，一个大企业或新的行业崛起的同时又有无数老企业式微。

企业间的竞争如同自然界中生物的竞争演化，一个生物从出生到成长、成熟，然后慢慢衰弱死亡，死亡后便化为其他生物的营养。

这就是天之道，损有余而补不足。

百货公司干掉了供销社，苏宁、国美干掉了百货公司，阿里、京东又干掉了苏宁、国美。苏宁、国美曾经是业界的霸主，几百亿元的规模，这么高级有技术含量的生意，还不是一样被电商干得只能在夹缝中求生，艰难地进行着转型却又前途茫茫。而我能非常肯定地下结论，总有一天阿里、京东会被某种我们还没有能想象到的模式干掉。

这一切现象的背后，都是时代变迁的一个缩影。从 20 世纪七八十年代的全行业赚钱，到 90 年代的有选择性的行业赚钱，再到现在的行行都难以赚钱。这些现象的背后，是国家的经济在转型升级，行业从散乱向集中过渡升级。

以后做生意真正能赚钱的，要么是很有钱的，上百亿上千亿元地投；要么是很有料的，高技术人才、思想的竞争，有别人无可取代的竞争力；更可怕的是又有资本又有科技的。未来竞争的根本就是资本与人本的竞争。

除此之外，剩下的就是一些边缘生意，在留下的小缝里求生存，一些小的细分行业大资本鞭长莫及。大肉被吃，剩下一点汤汁，大量的民间资本只能够喝着这点汤汁生存，生意不难做才怪！

那些资产上百亿元的曾经辉煌得不要不要的行业老大,今天都面临着持续的困境。大企业生意模式曾经行业通吃,迅速做大了企业,但面临新的市场经济环境的巨大变化,旧有那套通吃的模式反而成为新环境里的极大负担,就像是满身厚厚皮毛脂肪的北极熊来到了非洲。

无法重复地赚取利润,是绝大多数生意经的致命缺陷。

中国企业家常说希望自己的企业基业长青。这是全世界企业都在追求的理念,如何才能永续经营。说白了就是永远不会倒闭,不断地赚取利润。永续经营,谈何容易。世界上数以万计当时看似强大的不可能倒闭的企业今天已经没有人再问起他们的名字。

一切始于混沌,而归于虚无。

环境不断地在演化,需求不断地在出现,然后又消失。企业围绕着这些需要不断地产生,然后消失。

按照以往的经济学模式来思考,当一个企业已经形成了垄断地位,本应就是坐享其成的时候。所以大家都拼命地打价格战,把对手都做掉,剩下自己一家独大,获得市场定价权之后再大量赚取利润,把以前亏的都赚回来。这是旧有的经济竞争模式。

苏宁、国美在业内干掉了所有的竞争对手,业内已经找不到威胁,形成了行业内的垄断。按照以往经验,本来应该享有几十年美好的光景,享有垄断红利,成为中国家电业内的沃尔玛。但它们还没有过上几天舒服的日子,就被新兴的行业干掉。严格来说,不是苏宁、国美被干掉,是苏宁、国美所在的行业被干掉,苏宁、国美原有的销售模式被干掉。一整个行业完全被颠覆了。

就像森林里的猴子,有一只猴子特别聪明,认为干掉了所有猴子，它就可以成为森林之王。终于在它打败所有竞争对手当上了猴子王的时候，却发现森林来了老虎。老虎干掉猴子之后，发现又出现了人类。人类称霸地球之后，也许还有外星人！

成为行业的垄断者也不能保证就万无一失，因为随时有新兴的行业取代旧有的行业。这不是某个企业的问题，而是整个行业的式微。覆巢之下，焉有完卵。

所以这也是前文提到的那个老企业家与儿子间的争执的本质问题，企业如何传承下去。我的答案是，不可能传承下去。任何企业都不可能永久地传承下去。更别说它的行业需求减少，日渐式微，连行业都可以被一个新行业取代。几百亿几千亿元的企业都最终消亡，何况一个小小数十亿元的企业。

老企业家是多么聪明多么的有智慧，久经商海历尽风浪，他都无力回天。他的儿子可能更聪明，接受过高等教育，有新的思维，哪怕在儿子手上这个企业还得以保存，那么到了孙子一代呢？到了孙子的儿子呢？我们如何才能保证每一代人都如此优秀呢？每一代人都成为杰出的企业家？这是不可能保证的事。我能够保证的是，总有一代人会犯傻的，这是历史必然的定律。所谓富不过三代，即使过了三代、五代之后，十代之后总有人会犯傻的。

短暂的辉煌，总是给了人们永恒的假象。

一滴水再大，也就只是一滴水，总有干涸的时候。只有把这滴水放在海洋里，它才永远不会干涸，至少在整个大海洋干涸之前它不会先行干涸。

企业如何与天地同寿？化为天地，与天地一体，天人合一。当所有企业都灭亡时才会消亡，当全人类死亡时才会死亡。只要人类还存在，只要人类还在发展，这个企业就能永续经营。

个体将死亡,整体将永生。

曾经看过一本科幻小说中有这样的一个场景。远古文明的人类是近乎永生的,每个个体都活了几万岁的寿命。一个个臃肿衰老的身体,失去活力,人类文明衰落将近灭亡。最后科学家想出解决的办法,将个体寿命限制在一百岁,通过交配繁殖下一代,衰老的身体让它不断地死去,优秀的基因和文明传承下来,人类文明再一次迎来兴盛。

死去是让旧有的死去,让新的诞生来取代旧的。

一个企业能够永续经营的唯一选择是,在企业还兴盛的时候,在还有利润输出的时候,融入其他的新兴企业。这就是投资永生。

无论创始人多么聪明,能创立多大的企业,企业总会死去。但它的利润可以保存下来,可以把它投资到新兴的企业中。跳出旧有的格局,融入新的格局,这是破局的唯一方法。

最古老的道·琼斯股票指数的原始成分股,历经百年到今天已无一幸免。综观通用电气的发展历史可以知道,通用电气最早就是一个生产电灯的公司。假如它依然在生产电灯,那么它早就倒闭了。通用电气不凡之处,正是它在自身兴盛的时期便开始转型投资。通过不断的投资、收购、合并、重组,现在它已经是一个多元化的投资公司,投资领域涵盖了工业到金融,这是多么大的转变。尽管如此,它在道·琼斯成分股中也难被剔除的命运。

世界上最后倒闭的公司,一定是投资公司。只有世界上所有公司倒闭完毕,它才会倒闭。

我们不是要谈股票投资吗,为什么在谈这些企业兴衰成败史,谈这些时代行业的变迁?

股票的本质是什么呢？股票的本质是企业的所有权证券化，股票是企业的所有权。投资股票就是投资企业，哪怕你只买了 100 股这个股票，你也就相当于拥有了这个企业的一小部分，你已经是某种程度的企业家。每天红红绿绿的股票报价，股价涨了 10 倍，又跌去 90%。这些股价涨落的背后是企业的兴衰成败。

考察一只股票，本质就是考察这只股票背后的企业。了解学习企业的兴衰成败，是迈向股票投资真相的第一步。

股票投资的第一个真相就是，投资股票即是投资企业本身，任何企业必有一死，股价就必然随着这个企业而归零。

这是一个很重要的哲学思考。任何一个事物从诞生开始，就注定了它的死亡。

始于混沌的竞争，成长强大，日渐衰落，最后又归于无。一个个的生死循环，周而复始。

正因如此，任何投资都不可能永恒。那些信仰“我持有的期限是永远”是不切合实际的。股票不可能永恒持有，万事万物均有周期，万物皆有一死，何况一家小小的企业。

如何才能永续经营，如何才能持久重复地赚取利润，建立一套可以简单地复制的生意模式，是我一直思考的方向。

投资，而且是价值投资，才是这一切的唯一出路。

价值投资实质上是一套考察企业、挑选投资对象的方法。本质上就是以考察商业模式的视觉去考察股票，从而得出大概可能成功的选项。

无数的企业诞生又消亡；成千上万的行业兴起又衰落；股票的价格涨了又跌、跌了又涨；尽管各种现象层出不穷，但背后的道理却是相通一致的。我们可以依靠那些简单不变的法则挑选股票。我们可以依靠低买高卖这一最简单、最原始的方法,获取源源不断的利润。

首先得感谢这个伟大的时代,感谢伟大的中国,提供了股票市场这个伟大的投资工具。

“巧妇难为无米之炊”,任你水平再高,没有股票市场,没有稳定的经济发展,也是枉然,就像巴菲特如果生于战乱国家也是没戏。

股票是公司所有权的证券化。股票在互联网时代的电子化,给所有投资者提供了极大的便利。这点特别对于个人投资者来说有巨大的优势。

苏宁这个曾经的业界霸主,正在艰难地转型。我是极不看好这个转型的结果,自身体量太大,不是说转就能转,关键是缺乏基因。一个新生的行业,是因为新生的基因,这是一个天然的门槛。你是陆地生物就是陆地生物,不可能在深海中生存。但你原有的利润可以作为新的基因、新的血液,去寄生在新生的有活力的生命中。旧有个体一步步输出血液,然后渐渐老去、死亡。新的生命成长起来,这样就完成一次新旧交替。

苏宁最大的问题是它不愿意去寄生在新的生命中,它希望将自己老旧的身体变成一个新的身体。尽管你把手脚都砍掉接上新的四肢,你核心的基因依然是旧有的一套。

苏宁曾经这么辉煌的公司都如此,何况我们这些力量微不足道的个人。寄生是我们这些个人发展的最好方式。

股票电子化交易给个人投资者带来了极大的便利。在传统的企业投资当中,比如说要投资十亿元去干一个事业,首先得进行市场调研,调查了半年,发现某个行业可以干,就开始买地,建厂房,进设备,培训工人,一大堆的事情。当这个企业开始盈利,可能需要 3~5 之后。企业才刚刚开始盈利,投资还没回本，这个行业可能又开始进入行业低谷，怎么办？难道才干几年就要卖掉一切又重新开始投其他行业吗？这不现实嘛，开办企业流动性太差。但作为一个股票投资者，在现代电子化投资的今天，今天投资地产业，第二天就能够全卖掉投资银行业。当你不看好银行的发展，瞬间就能切换到保险业。今天你的资金还在投资中国股市，第二天马上就可以跨过上万公里，投资美国市场。这就是电子化交易的巨大便利，真正做到"运筹帷幄之中，决胜千里之外"。这是投资实体企业无法带来的优势。

股票电子化带来的这种超高的流动性的便利，使得我们可以任意地投资寄生在最优秀的企业中。对于绝大多数人来说，我们无能力去创造一个优秀的企业，即使你能创造一个优秀的企业也难以持久，总有更优秀的企业去取代旧的企业。通过股票电子的交易的超级流动性，我们做到从投资寄生到投资永生。

股票投资的第二个真相就是，选出一个有足够生命力的企业进行投资寄生，股价随着这个有活力的企业成长而增长。

假设现在股票市场高度发达，任何公司都可以上市买卖，你会选择哪种公司？你会用哪种生意模式为自己赚钱？

假设我爷爷和父亲的公司上市了，他们整个公司只有两个人，爷爷是董事长，父亲是总经理，他们的生意就是以大米换面，再以面换大米，看上去生意还不错，一个来回就可以赚很多的利润，这种生意你愿意投资吗？

实际上如果有这样的一只股票，我相信没有人会愿意买的。这个看上去还赚钱的生意为什么你不买呢？规模太小，空间太小，稳定性持续性非常低。事实上，这个生意一年之后就无法再经营下去。假若爷爷这个生意能够持续 10 年，你算算那个复利，以这么高的复利率复利十年那是不得了的事情。行业进入门槛太低，行业天花板太低，导致这种类型的企业有着天生的基因缺陷。

门槛低意味着利小，天花板低意味着命短！

反其道而行之，我们要寻找的是那些进入门槛非常高，行业天花板非常高，有宽宽的护城河把竞争对手都挡在门外，自己关起门来独自享受丰厚的利润的企业。

创业是很困难的，更别说要创造一个可以持续创造利润的优秀公司。99%的人创业将会失败。为什么我们一定要自行创业呢？创业对于整个社会是有极大的好处，可以推动大众创新，激发起整个社会的动力。但从投资与产出的概率来计算，创业不是一个好的生意。一家优秀的企业需要大量的资金、技术、人才、关系、网络、牌照，普通人要获得任何一项都非常之困难，更别说集齐七颗龙珠、召唤神龙。很多老牌企业即使集齐七颗龙珠，神龙也不见得就会出现，但可能死神已在路的尽头等待着。

我们要搞清楚一个很重要的逻辑关系，就是我们到底要什么？

我们需要的是一家优秀的公司，让这家优秀的公司为我们持续地创造利润。获得这家优秀公司的途径是：(1)自行创造。(2)识别出这是一家优秀公司，然后投资。

毫无疑问，选择后者简单得多，成功概率大出不只是十倍百倍。

当然最好的办法是两者结合起来。你自认有创业成功的条件，或已经事业有成，当然应该保持下去。但同时要从本质认识到，企业长青的艰难。在大时代变迁的背景下，企业归零是必然的，差别只是时间上是多久的问题。

居安思危，旱则资舟。在有能力的时候就要提前布局。现在的状态不是现在决定的，是10年前就决定的。现在的决策又决定了10年后的状态。

识别一家优秀的公司，远远比自行创造一家优秀企业简单千万倍。也许你智慧过人，穷尽一生精力大概能创造出那一家、两家好的企业。但作为投资家，我可以挑选出无数的优秀企业，永恒地为我创造利润。

这是因为创造一家企业，是要配合环境，配合需求，而这些条件是时时刻刻都在变化的。

但挑选一家优秀企业的标准，却是千年不变。科学的管理，知名的品牌，行业领导的地位，广阔的市场前景，这些最后都体现在丰厚的利润上。

我们可以很容易地通过一些简单的原则，把一批批优秀的公司识别出来。简单得就是一眼看过去就知道这个人是胖是瘦，是高是矮。

假如你没有一眼看出来，就说明这个企业不够优秀，优秀的程度不足以让你一眼判断出来，不用犹豫，直接淘汰，市场上永远不缺乏好企业。如同广阔无垠的原野上的草，“野火烧不尽，春风吹又生”。

尽管一切企业都有生命周期，尽管一切企业价值都要归零，但能够持续一年的生意与能够持续一百年的生意还是有天与地的差别。一项足够好的生意能够持续几十年，至少我们应该努力寻找那些能够做上几十年的生意，然后在这个生意走向衰落之前把它换掉，再寻找下一项好生意，如此循环，生生不息。

很多企业都经历了诞生、成长、成熟、衰退和消亡。但更多的企业连辉煌都不曾经拥有过。别以为辉煌这么容易做到，尽管这只是短暂的一个瞬间，但绝大多数企业连这个火花都没有见过。投资寄生于这样的企业，始于成长期，终于成熟期。

一方面要寻找有足够长久的企业，另一方面又不要被它短暂的繁荣所迷惑——以为这就是永恒，要时刻保持警醒之心。

但身体健康的生物，不是那么容易被寄生的，它们有一整套完整的免疫防御系统来杀死外来的微生物。

一门好的生意，往往进入门槛是非常的高。这反映在它高高在上的股价上面。资金是我们投资的筹码，股价过高会导致我们大量的筹码失去效用。因此，我们要等待时机，等待合适的进入时机。

股票投资要选择好股票，好的股票＝好的公司＋好的价格。

老实说，好的时机不一定容易等到。一些好的企业，我等待了十多年，依然没有等到一个很便宜很合适的价格进入。好的企业是大众情人，美丽得让人一见钟情。每个人都很快地识别出这是一个美人，所以股价不会便宜，甚至被大众争抢得股价远超了企业本身应有的价值。

这其实没有什么好可惜的，直接放弃就是了。机会来了就抓住，不来也没有什么可惜的。

还是得感谢互联网电子化投资的时代，它为我们提供了一个非常广阔的投资市场。投资品种丰富多样。正所谓东边不亮西边亮，西边不亮东边又亮了。

这个市场这么大，那么多的优秀上市企业，总有那么一小部分股票是便宜的。而以我自己的实际投资经验，以及综观国内外投资大师们的经验，市场上根本不缺乏价格又便宜、质地又优秀的好股票,从来不缺!我们缺乏的只是洞察商业模式的能力与如何进行合理的价格评估。

整个股票投资的课程其实只有两门课程组成:一是判断这个企业的生意模式未来能不能持续的赚钱;二是判断这个股价是高还是低。

这些判断不需要很高深的财务知识,要有一眼定肥瘦的能力即可。受过投资基本教育的人,假如你一眼看不出来它是优秀的,那么它就是不够优秀。如果你一眼没有看出来它价格是否足够便宜,还要在那里计算半天,算它的什么资产值多少钱,那块又值多少钱,最后一个个加起来是多少钱,这样子要计算半天,我很直接告诉你,这个股价不够便宜才需要计算半天。

大家读这本书,会发现我给大家列数据,举例子不多。不像学院派的风格,一上来先给你列一通数据,然后给你分析财务报表,再预测未来的利润,未来现金流折现,整本书通篇都是图表数据。弄得投资像是很高深、很神奇、很专业,总之,就是非常高大上的一个行业。

你看,股票全部就是用数字表达出来的,从财务数据,到每天涨涨跌跌的股价,数字构成了股票的一切。市面上讲投资的书,不整一通数据,一堆图表,还真不好意思讲我这是一本投资书。

我很直白地告诉大家,告诉我的子孙后代,投资一点都不复杂,相反投资非常简单。投资就是寄生在优秀的企业上赚取持久的利润。如果这个企业快不行了,那么,就换下一个。通过寄生的手段达到投资永生的目的。

为什么我不走学院派这个思路呢?因为这些都只是表象,没有深入事物的本质。这些图表与数据,在新的时代、新的环境又不适用了。没有窥破这些层出不穷的表象，永远不可能认清投资的本质。

这本书讲的是投资哲学，剖析投资最本质的东西。无论股价怎么涨跌，财务数据如何这般，投资本质是不变的法则。

投资的本质就是低买高卖。这是一切交易行为能够成立的法则，没有这个法则一切交易都不会成立。每个人都认为自己赚了，才会产生这个交易行为。

哪怕他现在是亏损了要割肉，那是他判断价格要继续下跌，从而希望减少损失，减少损失则是赚了；

哪怕是利益输送，表面看似一方亏损了，其实他背后还是认为自己赚了更大的利益；

哪怕是有人用枪指着你强行要你交易，你背后也是为了保命而牺牲这相对小的利益，从而还是认为这个交易是要进行。

一切交易能够进行的法则，就是低买高卖。每一个参与交易的人，都认为自己是在低买高卖，都认为自己是赚的一方，交易才能达成。

这就产生了另外一个有趣的投资哲学。大家都认为自己赚了，那么到底是谁亏了？其实双方都没有亏，这是一个双赢的结果。这是投资法则起到作用，否则交易是绝对不会达成的。

买的一方认为未来价格要上涨，所以我要以现价买入。卖的一方认为未来价格可能会下跌，至少不会再涨了，已经达到我心里预期的价格，所以我要以现价卖出。双方完全相反的预期，达成了交易。

这就是天之道，损有余而补不足。阴阳达到了平衡，这个交易就成交了。没有增，没有减，只是转移，股份数目一股不少，市场上的资金一分不少，一种平衡的转移状态。

跳出股票市场来看，跳出当时的交易来看，这个平衡将被打破，因为这个交易一完成，就进入新的状态。这只股票背后所代表的企业会继续演变下去。过了几年，它可能会亏损了，也可能会继续赚钱，又出现新的状态。事物就是这样不断地演化。相对企业来说，它的财富增长或减少，反映到股价上面就是上涨或下跌。

这就是当时我们都认为自己赚了，自己是低买高卖。至少交易的那一个瞬间是这样。但交易完成之后，出现新的状态、新的变量。这个变量就是企业本身的赚钱能力，就是它的商业模式。企业盈利或亏损这个变量，再导致影响股价涨跌这个变量。

其实讨论到这里，结论也是相当简单。说来说去，就是要寻找一个能够持续赚钱的企业，它不断地赚钱不断地积聚财富，等待它的利润大到足够反映到股价上涨为止。随着股价上涨这个变量不断积聚，大到足够反映到我们的投资收益。

我们应该感恩这个时代，感恩自己的国家，因为这个国家在这个时代，为我们提供了非常方便的投资工具——股票。股票就是上市公司的所有权的凭证。有了这个股票工具，特别在现代电子化股票的交易时代，我们能够非常方便的获取信息，投资各种各样成功的企业。

在互联网的电子化时代，股票投资对于个人投资者有着巨大的优势。

第一，互联网时代打破了过去信息不对称的格局。看看巴菲特那个时候的基金经理们，都是要上门调研的，要去拜访公司。坐着飞机火车，全国到处跑，一年下来跑几十家公司，辛苦得要命，那个时代的基金经理不好当。即使这个公司就在你家门口，一般人能让你说进就进吗？你以为茅台公司是随随便便就能够进去，让你参观车间？你到了中国平安保险公司除了卖保险的人过来给你介绍保险之外，还有人搭理你吗？无论过去还是现在，个人投资者要直接获得公司的发展信息是非常困难的。但在互联网时代，现在上网一搜，论坛一讨论，什么都出来了。现在机构与个人投资者在信息方面可以说处在同一起跑线上。虽然还有内幕消息的交易，但作为价值投资者是可以轻易地绕过这些消息陷阱。得益于各种交易工具的发展，我们很方便地使用各种交易软件就可以选择出估值合理的股票，轻轻一点就看到各项财务数据，一切都变得简便。

第二，电子化交易带来了流动性的便利。电子化交易能够很方便地进入或退出一个行业。在传统的企业投资当中，比如说要投资 10 亿元的项目，首先得市场调研，调查结束后，发现某个行业可以干，就开始买地，建厂房，进设备，培训工人，一大堆的事情。当这个企业开始盈利，可能都要三五年。企业刚刚开始盈利，投资还没有回本，这个行业可能又开始进入经济低谷，怎么办？难道才干几年就要卖掉一切又重新开始投其他行业吗？这不现实嘛，做企业流动性太差。但作为一个股票投资者，在现代电子化投资的环境下，今天你投资地产业，第二天就能够全卖掉而投资银行业。当你不看好银行业的发展，瞬间就能切换到保险业。今天你的资金还在投资中国股市，第二天马上就可以跨过上万公里，投资美国市场。这就是电子化交易的巨大便利，真正的安坐家中，决胜千里之外。这是投资实体经济无法带来的优势。

第三，可以复利地分享优秀企业的利润，共同成长。我过去是在金属行业干的。比如，一个电解铜的供应商，首先从铜矿公司那里批发电解铜，然后转手卖给铜加工企业。一吨电解铜价格大约是4万元，而一吨的利润只有50元。前前后后的运输、销售、收款。大概周期就一个星期。一年下来这一吨铜能周转50次，所以4万元的投资成本能够产生2 500元的利润，除七除八的利润率大概就是5%不到。这个收益率还是单利，大量的资金在做这个行业，供过于求，无法形成复利效应，多余的资金找不到出路。

在我所在的镇，几乎人人都与金属或多或少扯上关系。大家从小就是这个商业环境长大的，人人不是谈论铜就是讨论铝，似乎除了干金属这个行当，找不到别的出路。

而在这个互联网的投资时代，成千上万的上市公司供投资者选择。找到一批收益率达到15%的企业进行投资不是一件困难的事情。而且金融业空间太大了，对于个人投资者那点小资金，可以说是提供了几乎无限的复利增长空间。正是如此，我才从金属行业过渡到金融行业。

第四，可以利用市场巨大的波动性。在现实生活中，比如房产买卖，基本上买卖双方都形成了一个共识，这个交易才能成交。如果这个地段的房价是100万元，大家都很客观的，很理性的。卖房的人不会开价200万元，根本不可能成交，我为什么不买同一楼层的，你旁边那个才卖100万元。买房的也不可能以50万元买到，公价在这里，除非卖房的人欠你钱！现实中大家都很理智很客观，买卖的价格不会偏离主流价值太多。但在虚拟经济当中，这种情况就完完全全变了个样。

大家试想一下这种情况，同样是这个房产，价值100万元，然后你去讲价，讲一堆理由，什么经济危机呀，崩溃呀，乱七八糟的理由，50万元卖给我吧，然后房主真的50万元卖给你了。

然后过去了几年，你找到原来的那个房主跟他说，现在经济好转，大繁荣要来了，又一大堆的理由，把原来的那套房子200万元卖回原房东，然后他又真的以200万元买走了。

又过了几年，你又可以用同样的理由又从房东手上以50万元买走了这个房子。这样子反反复复地交易，简直就是抢劫嘛！

现实中哪里有这样好的事情，这不就是忽悠读者吗？

是的，现实之中不会有这么好的事。要么是利益输送，要么是那个人脑子进水了。因为现实中大家都出奇的理智，过高或过低的价格都很难以达成交易，大家总是小心翼翼，货比三家，最后做出理智的决策。

在楼市中，我不需要做问卷调查，就知道参与楼市投资的绝大多数人是赚钱的，亏损是极少的比例。可能你会说，因为过去20年楼市价格总体是上升的，是牛市。我认为这样的解释不正确。看看股市过去的26年，在上证指数上涨了30倍，年化收益率达到13.9%这样的大周期牛市中，其结果是投资者大面积的亏损，能够在股市中赚到钱的人是稀有动物，差点要受国家保护起来。

1900—2016年全国房价只涨了15倍。在一个涨幅为15倍的投资空间里，90%的楼市投资者都是赚钱的，这是很容易理解的事情，毕竟总体上涨了15倍之多，我们极少听到有投资楼市不赚钱的人，只是赚多赚少的问题。而涨了30倍的股市，却是七亏二平一盈，90%的投资者不赚钱，这不是一个很奇葩的现象吗？

在现实的资产中，假如我们买了一套100万元的房子，我们是绝不可能以99万元卖出的，少一分钱都不行，除非是急用钱。

楼市不景气，没有关系，放着吧，反正这个钱不急用（闲钱，等得起）。放几年（耐心持有），等地铁开通了，或等旁边的学校建起来，或等那个大型商场落成（优秀地段），房子就升值了。

在楼市投资中，90％的人都自觉或不自觉地运用了“低估买入优秀公司，耐心持有，高估卖出”这个策略，现实中我们是多么的理智。

在现实中大家如此理智，这令我非常难以理解，为什么上述“市场波动性”的那个故事在现实中不可能发生的事情，却在虚拟的资产世界时时刻刻上演呢。

但在股市中，却常常今天 10 元买进了一只股票，下个月股价跌到 9 元，妈呀，崩盘了，股灾了，庄家套人了，快跑，以后不跟你玩了。

楼市投资的理智与股市投资中的弱智并存，为什么会出现这样奇葩的现象？我相信能够把这个奇葩现象解释清楚的人，就可能获得诺贝尔经济学奖。

正是因为股市中大量存在这种奇葩的交易者，所以股市从来不缺乏便宜货。总有那么一些优秀的公司被市场抛弃，股价便宜随便你去捡。而等到某些时机到了，这个便宜的股价又会继续被曾经抛弃他的人抢购回来。这正是我上面描述的那个怪事。

对于市场来说是怪事，对于价值投资者来说是求之不得的美事。我们需要做的只是提前布局，等待时来势逆。

我告诉各位读者，在股市中赚钱是非常容易的，比楼市赚钱更容易，涨的空间更大。我们唯一需要做的事情就是，把楼市投资的那套理念，运用到股市投资中去。

要做到低估买入优秀公司，耐心持有，高估卖出，这样的投资之道，难吗？一点都不难，90%的楼市投资者做到了！我相信认清这些本质问题之后，90%的股市投资者也同样能够做到。

股价波动性分为两种：一种是业绩造成的波动性，第二种是市场交易造成的波动性。股票投资其实只需要搞明白两点：一点是买什么企业，另一点是什么价格买。

虽然我已经说得很明白，投资最根本的道理就是要低估买入高估卖出。但似乎大家对于低估与高估总是难以把握。下一期的话题我将深入探讨，到底什么是低估高估，敬请期待。

第五，做价值投资是一项终身事业，永不退休。做企业的，六十多岁就要退下来，不退不行，身体跟不上。各种应酬、人际关系、麻烦事情处理的压力，早早就把身体压垮。我的一位亲戚，事业干得算是比较成功，赚了几千万元的身家。现在六十多岁退了下来，手上有钱，心灵却空虚了起来。一下子从前线退下来的人，总是不适应那种无所事事的空虚感。现在天天聚着一群人，赌钱喝酒，他以这种方式来排解心中的空虚感。可能老年人都有这种经历吧。退居二线之后，总想要再干点什么来刷刷自己的存在感，证明自己还没有老，还有价值。往往这个时候容易被恶习乘虚而入。

但作为价值投资者，我相信我本人不会有这种烦恼。只要我智力还正常，投资可以一辈子干下去，甚至在我死后的几百年，还会对我的家族产生巨大的影响力。这就是价值投资的魅力。

在我们这个时代，出现了一批超级精英企业家，在不到40岁就拥有百亿元财富。这100亿元相当于2015年中国平均年收入的200 000倍，即是一个普通人要努力工作20万年，不吃不喝才能存下这笔巨款。他们的企业市值甚至达到千亿元之巨。

这些企业家曾经是时代的霸主，领导者不可谓不智慧，他的手下也猛将如云，动不动就请到国际最好的咨询公司做战略规划。

但无可奈何花落去，时过境迁，再厉害的人物或企业也抵挡不住时代的巨轮碾压。

个人在时代面前永远是脆弱的，不堪一击的。“顺之者昌，逆之者亡。”要想不被时势淘汰，只能让自己的事业融入时势，成为时势。一滴水只有融入大海才不会干涸。

我们要从万世战略的高度去认识股票投资的重要性。

总有一小部分有远见、有胆略的人率先脱颖而出，占住了财富、资源、信息的制高点。当这个财富阶层被渐渐固化了，底层的家庭越来越难突破这种固化，向上层次突破的机会变得稀少。各行各业已经被各种资本占领了制高点，进入门槛已经大大提高。

财富的固化开始导致了教育的固化，教育的固化反过来又进一步加深了财富的固化。本来他的爹已经成功创业掌握握了资源，他的子孙又获得了良好的教育，掌握了大量的财富技能，自然又能更进一步发展他们阶层的财富，因此，又加深了这个阶层难以突破的门槛。

而股票投资这个工具却可以成为打破这个固化的利剑。

原本我计划，是用两三代人的时间，去打破这个财富固化。但目前看来比较顺利，时间比我预期的早很多。在我这代人就已经打破了财富固化。

当财富积累达到一定阶段之后，我就不再担心了，因为我已经投资了最好的行业中最优秀的公司，我的财富自然而然的伴随着这些优秀的公司一起成长。

目前我大量的精力是放在如何传承方面,在教育子孙后代如何进行投资传承。

股票投资不仅是突破财富固化的利刃,也是家族事业传承的坚盾。它既能获得财富,又能使财富很容易传承下去,左手执剑进攻,右手持盾防御。爱因斯坦说过,复利是世界第八大奇迹。我说,股票的发明是世界第九大奇迹。这是非常伟大的一个时代产物。感恩这个时代。

借助股票这个工具,我们整个家族的事业就与全人类最优秀的事业融合在一起。我们远离那些没有前景的事业,只投资那些代表未来的朝阳行业,只投资其中最优秀的公司,只在最合适性价比的时候买入,然后在获利丰厚之后离开,并继续寻找下一个目标。好的产业、优秀的公司我们就投资;衰落了,我们便要离开。但公司的创始人是无法离开的,他只能始终陪伴着公司诞生、成长,最后到消亡。这也是投资的机动性优势。

图 1—3 是一个人类科技指数式增长的图表。最后曲线突起的部分,是人类最近两百年取得的科技成果。前面看似直线的部分,则是人类万年以来的科技成果。人类的科技、生产力以及财富增长呈现指数式的增长。只有通过复利投资,个人才能与这种全人类的快速增长结合在一起,否则依靠个人将被时代所淘汰。每一代人创造的单利,到了下一个时代就会极大地贬值,财富就无法有效传承下去。即使我们家族可能出现爱迪生这样的大发明家,出现了创造出 IBM、苹果这样的大企业家,创造了引领时代的产品,但很快这些产品又会被时代科技的进步所淘汰。几十年、甚至几年就会被淘汰,时间越来越短。我们总不会保证世世代代都产出天才,出现企业家。就像在中国 1980 年的万元户,就可被称为富豪。而

在 2017 年,万元不过是很多人一个月的工资收入。到了后代,万元也许可能只是一顿早餐。表面上是货币贬值,实质上是人类科技这种高速的指数级增长,导致个人无法跟随的命运。

图 1—3　人类科技增长

要紧跟时代的步伐,就只有价值投资这一条道路可选。

只要人类不灭,则我家族事业不亡。只要人类还继续向前发展,则我家族事业继续兴旺。

我们不一定能够做到最强大,但一定要做到最长寿。长寿本质上就是一种强大。

这是我们能够让家族事业永生的基础。传世投资第一圣道:投资永生,万世常青。这一圣道是全书的基础,是最重要的原则,子孙后代必须深刻理解。

第二圣道

窥破万象，看透本质

◆

投资，就是投人类未来的命运

事物的发展，归根到底是人类自身的发展。只有人类发展了，才会推动社会的前进。对于人类发展，我是非常的乐观，至少基于过去亿万年的发展规律，人类是一代过得比一代好。尽管中途有起伏、有战争，但肯定总体是不断向前发展的。

现在能够读我这本书的人，生活肯定过得比秦始皇、成吉思汗要好得多。尽管他们是当时全世界权力最大的人，但你们却可以听着音乐，吹着空调，在舒服的环境中读着我这本书。那些帝皇一年只可以吃一次贡品，现在你们已经可以时刻食用，你们的生活质量远远高于那些古代帝皇。想到这些，不禁要感叹时代的伟大，感叹自身的幸福，幸运地出生在一个好时代、一个好的国度。

人类就是这样一个永远追求向上的种族。

人类中的精英群体，领导其他的人才，组织其他的资源从事生产服务，推动社会的发展，这个组织就是企业。可以说，企业家就是人类中的精英群体。

过去 100 年美国的 GDP 年均增长只有 7%，但全体上市公司的复利增长达到了 10%，明显高于整体 GDP 的增长。而上市公司中的优秀公司，能够达到 15%～20%的增长，又上了一层楼。整个社会都是呈现金字塔式的，越顶端的掌握的资源越多。

投资就要投资人类中的精英，而这个精英组织就是企业。我们不仅要投资企业，还要投资企业中的精英企业，这就是上市公司。在我这个时代，绝大多数优秀的企业都上市了。股票投资，本质上是投资人类精英中的精英，这种投资方式大概率是要成功的，我们投资的目标可是最精锐的少数，怎么可能不成功呢？

我不知道，千百年之后，股票这个工具是否还存在。但没有关系的，工具总是会被不断改进，这是人类永远追求发展的天性决定的，我对此感到很乐观。我相信以后的股票投资工具会比我这个时代的更方便、更好用。

即使届时股票这个工具真的不存在了，也没有关系。我们回归本质即可。投资的本质就是投资人类中的精英群体。只要洞悉这个本质，股票这个工具存不存在一样可行，只不过相对来说便利性、流通性会差一些，少了一些第一圣道所提及的便利，但投资的本质不会因为某些工具是否存在而改变。

股票是我们进行投资永生借助的重要工具。得益于这个工具，我们能够很方便地实现这个伟大的战略构想。

股票这个事业是我们这个时代的产物。在我写这本书的时候，中国有股票市场也不过是30年的历史。这对于我们这代人来说，都是一个新鲜的事物，以致大家还没有从战略的高度认识股票投资的重要性。更不要说，绝大多数人不知道股票代表的意义所在。

从战略高度来看，我将股票投资作为家族的传承事业。

股票是时代恩赐给我们家族最好的礼物。没有这个礼物，我们家族复兴的道路将会曲折很多。有了这个股票工具，道路变得平坦了。

在我这个时代，我们这个家族是非常贫困的，想要完成财富的积累非常困难。我们作为社会底层的一员，要改写后世的命运，需要极大努力与远见。我们没有资源，没有关系，没有人脉，可以说没有一切成功的可能性。

但由于有股票这个投资工具，它给予了我们成功最大的可能性。通过股票这个工具，我们可以简单地将精英阶层的资源变为我们的资源。我们家族就这样分享了上层的资源，他们发展我们跟着发展，他们成功我们跟着成功；而他们衰落了，我们便离开寻找下一个精英企业。借助这个好工具，我们实现了世世代代的生生不息。

人的命运，越来越难被改写。在 1980 年以前的中国，大家都贫困，大家都没有资源。这个时候个人的性格成为最大的资源。一批敢想也敢干的人，率先脱颖而出，在 20 年的时间里，这批人创造了极大的财富，成为新中国的第一代企业家。

在 2000 年以后，社会财富开始被固化，想要再创事业的机会越来越少，因为此时各个领域已经被各种大资本所占领。作为个人这种小资本很难与大资本竞争获胜。

率先富有的人，有大量的资源投放在子女的教育上面，教育也开始被固化了。大家看似公平去参加考试，但当你知道背后的资源不平均的分布，就知道这其实并不是一场公平的竞争。

就以我们家族为例，在我投资获得成功取得较多的财富之后，我为我的子女教育投入了大量的资源。从你们 3 岁起，就天天跟着从外国请回来的老师学习英语。他们每天陪着你们玩游戏，不知不觉间你们就把英语说得像母语一样流利。请这样一位老师天天陪着你们玩游戏学英语，花费是多少吗？更别说琴棋书画各种兴趣班。我计算了一下我当时预计花费在你们每人身上的教育经费，从 3 岁开始学外语到外国留学毕业，大约花费了 500 万元人民币。按照我这个时代的人均收入水平，你们每人在教育上就花费了一个普通人工作 100 年的劳动收入。别人还在为温饱而烦恼的时候，你们已经享受了最好的教育。所以，千万别以为你有多聪明，你读书有多好，考上了多厉害的大学，获得了什么奖学金。这一切都是因为有家族在背后给你们强大的支持。我们要永远的感恩，永远的谦卑。

“寒门无贵子”，道出了多少底层家庭的心酸。他们不是不努力，不是不想改变，而是改变太困难。他们培养出来的子女，怎么可能竞争得过富人家庭培养出来的。所谓素质教育，都是用金山银山堆出来的。除非他们能够出现一两个天才式的人物，才能彻底改变家族的命运。

我们以前就是属于社会最底层的家庭。很幸运，时代向我这代人招了招手。通过我爷爷与父亲的努力，让我受到良好的教育。而我运用股票传世投资的战略布局，极大地改变了家族的贫困。

一个底层家庭要向上层突破是非常困难的，各种资源都被固化了。股票这时候就显示出它非凡的战略地位。股票就是精英阶层的资源，我们这些底层的人，通过投资股票，分享了上层的资源。我通过几十年的努力，实现了把家族从最底层中脱离出来。命运的逆转，可以与精英阶层有了竞争的资本，我们才能成为精英阶层。

这就是我一再强调，要从战略布局的意义去看股票投资的原因。

尽管股票投资战略意义非凡，但非常遗憾，在我这个时代，股票仅仅是人们赌博的一种工具。股价每天涨涨跌跌，人们就从炒作这种涨跌投机之中获得利润，但绝大多数人因为这种投机而亏损。股票投资并没有引起人们足够的重视。当然这对于我们家族来说也是好的，人们轻视的东西往往也价格便宜，我们可以很容易地用便宜的价格买到非常优秀的公司。

为什么股票投资这个如此伟大的工具，却沦为人们赌博的赌具呢？根本原因在于绝大多数人没有看透股票的本质。

人们总是被股票涨涨跌跌的价格所迷惑，从而试图去预测这种价格的涨跌。价格的涨跌是由市场资金决定的，市场的资金又是由无数个买卖行为所决定的。预测无数个买卖行为最终形成的合力导致是涨是跌，与预测抛硬币的正反面一样。

人们总是习惯于去打听市场的消息，追逐热闹的股票，从股价的趋势 K 线图预测下一个月甚至是下一个交易日的涨跌。这是导致绝大多数投资者亏损的根本原因。

当你深刻地理解股票的本质是公司，公司的本质是人才，那么一切就变得非常的明朗、简单。投资股票就是投资优秀的公司，投资优秀的人才。

明白到这点，所有的股价短期的涨跌，所有的消息，所有的技术性走势，我们统统可以忽略。只需要关注两点：公司本身的生意是否赚钱，买进的价格是否便宜。

永远要记住，我们家族的事业，就是投资别人的事业。要想使得我们家族兴旺，必须要投资别人兴旺的事业。要想使得我们的家族伟大，必须要投资别人伟大的事业。

如同之前所说，我们只要辨识出伟大的企业，然后在合理的价格买入，坐等收成即可。

虽然我们无法预测股价的短期走势，但我们可以预测长期的趋势。股价就是短期无法预测与长期可以估算结合在一起。虽然我们无法预测抛出的硬币是正面还是反面，但抛一千次一万次之后，你会发现概率这个东西。你依然无法准确预测正反面，但你可以知道，长期抛硬币正反面的概率是 50％。

虽然股价无法短期预测，但我们可以根据过去百年的历史统计知道，强者恒强，优秀的企业大概率会继续优秀下去。

只要这家优秀的企业继续年年赚钱不亏损，那么长期下来，其股价必须是涨的，那么我们就可以通过这样的投资获得收益。

识别出一个伟大的企业，然后投资它，比起自己创造一个伟大的企业容易多了。通过投资伟大的企业，使自己的事业变得伟大。这正是我们要走的道路。

投资股票，就是要投资股票背后所代表的伟大企业。

在我的子女八九岁的时候，我就会有意识地教导他们，告诉他们说，这个平常你喜欢喝的牛奶，其实是一只股票。你看看这只股票 10 年涨了多少倍。因为千千万万像你一样的小朋友都喜欢喝这种牛奶，所以，这只股票能够赚很多钱。

我们用的这个手机，就是这只股票，然后我翻出这只股票的 K 线图给孩子们看。这只股票又涨了多少倍，也是因为大家都喜欢用这种手机，无数的人用这只手机，这只股票赚了很多钱。只要我们投资了这只股票，这只股票卖了手机赚了钱，就会分红给我们。我们安坐家中，什么都不用干，每年都可以赚很多钱。

只要有机会，我一直都在对子女进行投资的启蒙教育。让他们知道，我们生活周边的很多东西，都是由某只股票所代表的公司所生产的。我们应该寻找那些我们最喜欢使用的品牌，质量最好的产品。我们就应该购买这些股票，这家企业就会帮我们赚大钱。

这种把投资启蒙融入日常生活的教育工作，希望各位后人继续坚持。认识到投资股票的本质是投资一个公司，购买股票是购买企业的所有权，这是一切股票投资的起点。

除了投资股票之外，其实还有很多其他的投资工具。常见的如债券、黄金、房地产甚至是字画古董等。

为什么我把股票投资作为家族的传承事业而非其他呢？

这就回到投资永生这一圣道之中。能够永生下去的，只有人。我们的家业与人类的发展融合在一起。债券、黄金、房地产、字画古董，这些都是由人创造的死物，只要人类在，想创造多少就有多少。股票是企业与人才组织在一起运用资源进行生产赚取利润，股票本质上是一个有生命的、活生生的人才精英组织。股票会不断地解决困难，创新模式，推动整个社会的发展，从而实现自身的赚取利润。股票是绝对比债券、黄金、房地产、字画古董等其他的投资工具更有活力，更有生命力，也更长寿，最终收益也会更高。因为社会一切的财富都是由企业的组织形式创造的，其他的投资物不可能高于企业这个第一社会推动力，参见表 2—1。

表 2—1　　　　各类资产过去 200 年历史的回报率

资产名称	1802 年～2012 年年平均回报率（实际购买力增长率，扣除通胀）	当初投资 1 元，200 年后的实际回报（元）
股票	7.20%	1 093 848.24
房产	3.5%	972.9
债券	2.80%	250.39
黄金	0.50%	2.71
现金	−1.40%	0.06

虽然根据过去 200 年的数据无法预测未来 200 年，但这种历史经验明确地告诉我们，投资于股票即投资于人类精英群体，是回报最高的资产。股票的投资回报最高，达到 100 万倍的实际增长。而现金为最差的资产，200 年贬值了近 17 倍。现金是一种长期有毒的资产，因为政府会不断印刷钞票，导致现金长期贬值。

股票是唯一可以较好抵御通货膨胀的资产。因为股票背后代表了真实的资产，货币贬值了，但这些资产的真实价值是不会变的。

1914 年，以德国为首的同盟国发动第一次世界大战，战争席卷了整个欧洲。1918 年，同盟国战败。德国赔偿战争受害国 2 000 多亿马克。为了减轻债务负担，德国政府把印钞机开足马力，德国由此产生了严重的通货膨胀。1914 年 1 美元等于 4.2 马克，但 1923 年马克已经贬值到了 1 美元等于 4 200 亿马克。

德国民众的所有财富均被摧毁。而上帝唯一保佑了持有股票资产的人。德国股票指数在 1917 年刚刚超过 100 点，到了 1923 年直接超过了 10 万亿点。

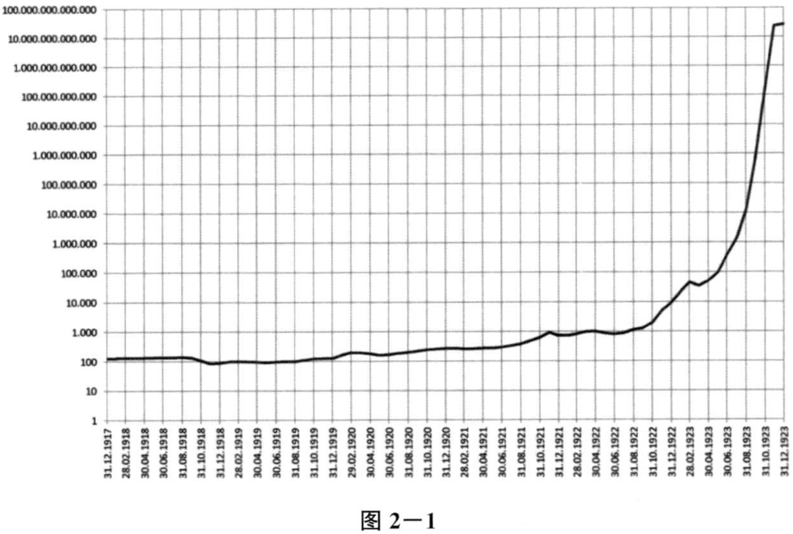

图 2—1

德国股票完美抵御了这次恶性的通货膨胀，持有股票资产的人能够幸免被政府人为收割财富。

按照正常的股票真实收益率，当初投资了 1 元的股票，200 年后就有 100 万元，增长了 100 万倍，而且这是已经扣除了通货膨胀得到的实际购买力。如果按照这样的一个股票回报率，只要我们家族现在投资 1 亿元于股票，什么都不用干，只需要耐心等待，200 年之后，就将拥有 100 万亿元的真实购买力的资产。这是一个什么样的概念呢？参见表 2—2。

表 2—2　　2015 年主要大国的 GDP 总量

排名	2015 年 GDP 总量（万亿元）
1 美国	110.15
2 中国	70.62
3 日本	32.76
4 德国	22.94
5 法国	17.45
6 英国	17.22
7 巴西	17.03
8 印度	14.40
9 俄罗斯	14.34
10 意大利	13.29

在我这个时代，只有美国一个国家 GDP 超过了 1 万亿美元。这是真正的富可敌国，而我们什么都不需要做，只需要耐心地等待！只要不干傻事，就可能实现这个伟大的家族战略。

而这一切，仅仅是一个开端。我们还要继续传承 1 000 年，一万年，直到人类消亡。

200 年 100 万倍的股票投资收益，是投资于全部的股票。全体股票中包含大量的垃圾股票，高价股票，只要用一些很简单的原则，就可以把这些垃圾或高价股过滤掉，选出真正优秀的股票。那么所得到的回报率会远远高于100万倍。我估计用这种方法，选择出来的优秀股票，长期扣除通货膨胀后的真实回报率能够达到10%的年收益率。200年后的真实回报率将达到1.9亿倍。现在投资1亿元，200年之后将得到1.9万亿元的真实资产。这到底代表了多少的购买力，留给有兴趣的后人去计算。这是一个极度疯狂的数字，这是一个极其伟大的事业。

每当想到这里，我便异常兴奋。

但总会有人嘲笑我们，嘲笑我们做白日梦。不要紧的，凡人永远无法理解天才的想法。我们把这份事业藏于心中，默默地付出，一步步去完成就是了。

各位子孙后人，你们在参与一个极其伟大的事业。我非常的荣幸，由本人开启了这个事业的篇章。这不是由某一个人、某一代人可以完成的大业，需要一代又一代人的努力传承。我为你们能参与这个事业感到高兴，为你们的付出感到骄傲。

所以接下来的章节，重点是讲述如何根据一些简单的原则，选出那些长期回报高于平均回报的优秀股票。

永远记住，投资股票的起点，就是投资于优秀的企业，这是一切投资的前提。

要成为出色的股票投资家，首先要成为一个战略投资家。用万世的眼光去看待股票投资，就不用再在乎一时的涨跌，不用在乎市场上面流传的各种消息，不用理会下一个热门股是谁，只需牢牢地紧抱着优秀的股票，耐心地等待回报。

低估买进优秀的好公司，耐心持有，高估卖出，这就是股票投资的全部真相。

洞察了这个真相之后，投资就会变得非常的简单。可以一代又一代传承下去。

事业最难的就是传承。培养一位企业家是极其困难的，但培养一个投资家却非常容易。只要培养他的战略思维，长远眼光，还有足够的耐心，他就可成为优秀的投资家。

所以你们会发现，我动不动就讲 50 年、100 年。很多事物，你只看未来这一两年是看不清楚的，但当你放大到 50 年的维度去看，就会很容易看清楚事物的真相，看到事物本质。因为只有最简单的道理，才能历久不变，才能流传下来。

用这种眼光去选股票，就会变得非常容易。股票的一大优点是它的流动性。之前已经说过，这个超级流动性，可以使我们将一大笔的投资瞬间从一个将会衰落的行业转去另一个兴旺的行业，在全球任意的地区切换投资。这是一个超级武器。但一般人用不好这个超级武器，常常被这个武器伤害了自己。关键就是由于超级流动性带来了投资的随意性，甚至沦为赌博的工具。乱投资，期望一夜暴富，或仅仅是想赚一笔钱够换个新款手机。一天到晚都要看行情，一天不交易心里就难受，一个月不交易一次就要疯掉了。

假若用百年的眼光去思考，就不会出现这种投资的随意性，不会有一夜暴富的心态。我们追求的是百年的复利，追求的是一生的事业，不是仅仅换个新款手机。放弃一夜暴富的想法，追求百年复利，回归到选择一个优秀伟大的公司，然后陪伴它一起成长。

买股票就是买公司本身。每一笔投资之前，我们首先要思考，假设我们将这个公司整体买下来，你愿意这样投资吗？买了这个公司之后就退市了，你还愿意这样投资吗？如果在这个公司投资你全部的家当，以后你全部的财富就存放于这个公司，你愿意这样投资吗？

多问自己几个问题，答案就在自问中显现了。

尽管现实中我们无法购买整个公司，但无论购买多少股票，都要把它看作购买该上市公司的一部分，将自己当成一家企业所有者，我们就是这家公司的老板，要用经营者的思维去思考，这家公司是否有前途，未来是否能够产生良好的效益。

珍惜每一分钱，金钱来之不易，是经历了好几代人的奋斗，才流传到你的手上。要发挥每一分钱的效用，不要用它投机，不要赌博，只投资于优秀的企业。

投资的全部，就是低估买进优秀的好公司，耐心持有，高估卖出。

只需要学习好这一招一式，将这最简单的一招发挥到极致，投资便无敌了。低买高卖，道尽了投资的本质。

整个投资是这样演化的，我们用道家的思想将它说明(参见图 2—2 所示)。

简单易明，全书只有一式一诀：低买高卖。

低估买进优秀公司，耐心持有，高估卖出。吾道一以贯之。

道生一：一式，低买高卖。

一生二：行业与公司。

二生四：行业有春夏秋冬四季，公司有生老病死四态。

四生十六：行业与公司四季四态的交织。

十六生百，百百生万，万万生亿，亿亿无穷。道生万物，无穷无尽，但又万变不离其宗，最后回归于一，完成一个循环。

道生一，低买高卖。这是任何人进入股市都应懂得的道理。这是最基本的道理，赚钱的根本。

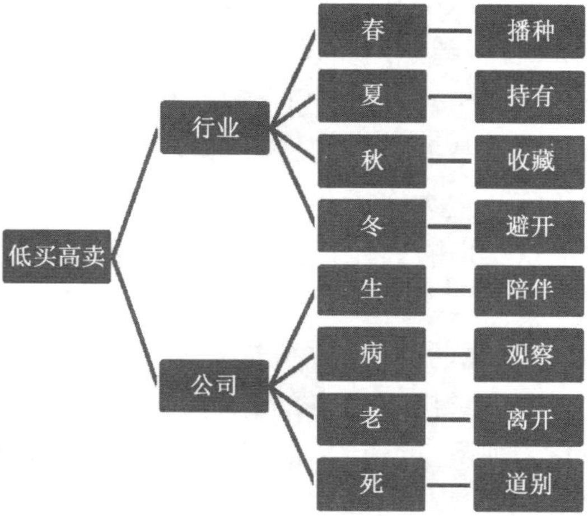

图 2—2 低买高卖投资演化

一生二，行业与公司。选择有前景的行业，投资管理好、有品牌、有竞争力的公司，除去了那么 1％的愚钝莽夫，这是99％普通人都能懂得的道理。

二生四，四季，四态。行业有春夏秋冬四季，公司有生老病死四态，稍稍学习一下，思考一下，都知道这个常识。这是90％的普通人都能够明白的道理。

四生十六，行业与公司四季四态的相互交织。选择在行业春季播种，选择在公司的成长期陪伴分享成长收益，在行业低迷或熊市时投资，在疯狂时卖出。这时只要有一些耐性，80％的普通人都能做到的道理。

十六生百，衍生出数百个行业。这里的难度就徒然增加。要懂得数百个行业，明白每个行业的商业模式，那是要智者才能做得到。那是巴菲特般的大师才有的才能。

百百生万，一个行业便有数以万计的企业，要全懂得这么多企业,巴菲特也做不到。那是“雨人”级别才能做到的事情,但“雨入”却没有兴趣做这个。

万万生亿,产生数以亿计的产品,数以亿计的消费者,数以亿计的问题,要掌握全部,已经是天才才能懂得。

亿亿无穷,产生无穷无尽的形态,消息,买卖行为,走势,K 线,能够把这些所有表象形态都研究清楚的,这是神仙的领域。

投资股票赚钱,我真心觉得这是一个很容易的事情。我们作为一个凡入,拿出一点点的聪明,拿出一点点的勤劳,再加上一些耐心,把道一、道二、道三、道四这四个属于凡人的领域里面的东西学习好研究清楚就可以了,在股海中赚钱是比“抢劫”银行更高效率而风险更低的事情。

但为什么各大股票投资网站做的统计还是七亏二平一盈,并不是大家不够聪明、不够勤奋,而是把方向搞反了,或者说压根就没有这一幅“股海航海图”,从而迷失于股海之中,研究消息,研究趋势,研究无穷无尽的形态,想着一天一涨停,一年翻十倍,这可是神仙的领域呀! 作为凡人我们就坚守属于自己的四道,获取 15%的收益率就好了。今天我把这“股海航海图”画好了,大家研究清楚之后就不会再迷航。

经常有人问我:“你对××股票怎么看,明天怎么预测,什么时候反转”之类的问题,不是我装大爷,而是我作为一个凡人,是真心不懂。但道理一句两句说不清楚,只能沉默不答装作高冷。这些是天人的问题,是神仙的问题,问我这个凡人,我能答得上来吗?

“我认为保利会继万科之后被举牌,谁知不准举牌了,害我套了 20%。”

“我收到消息恒大再次配资继续增持万科,赶快买进。”

“今天放量涨停，明天一定继续涨！”

“这个 ST 股票肯定要被重组，会涨翻倍的。”

这些都是典型的凡人之躯做神仙的事。

正因为我知道自己是凡人，所以要避开所有危险的地方，从不挑战大 BOSS，只欺负一级小怪，一有危险马上开溜。

但凡人也是可以脱俗的。因为我是凡人，我知道我有很多无法摆脱的缺点，这些缺点是天生的。我知道凡人易病易老，必有一死，所以我要养生，要长寿，要活 100 岁赚 100 万倍，在有生之年挑战人生极限。假如我能永生，这些目标就不需要了。因为我是凡人，有贪婪，有恐惧，所以我只投自己看得懂的东西，不是我能力可以赚的钱绝不眼红，坚守着属于凡人的 15％，神仙的钱让神仙们去赚。

苏格拉底说：“我唯一知道的事就是我一无所知！因为无知，所以求知。”

知道了自己有多平凡，就可以用平凡构建不凡。

投资就是如此的简单，我已经道尽了投资的本质。好行业！好公司！好价格！

寻找一个有前景的行业，在这里寻找一个好的生意模式，有好的管理层，有好的品牌，有好的利润的公司，等待一个合适的价格买入，然后耐心等待它开花结果。只要市场股价不高估，就一直持有，这个好公司会一直为你赚取利润。如果市场股价太高估，已经透支了未来多年的成长，那些股票就卖出，寻找下一个好公司。市场之大，永远不缺乏好公司，生生不息，无穷无尽，不用过于执着。

第一圣道是从战略的高度重视股票投资的意义。股票投资是突破财富固化的利刃，也是财富传承的坚盾。

第二圣道是从本质的深度去说明什么是股票投资。股票投资的本质是投资于人类的精英阶层，具体表现形式为优秀的公司。投资股票就是投资公司本身。

一个事物，能够不断地传承下去，它必须有简单而深刻的本质。我试图用最直白的语言去写这本书。大家不必将这本书看成教科书，而仅仅是一个老头爷爷与孙子间的对话。这里饱含了我对你们的期望，也相信你们用自己的智慧，能够突破前辈们的成果而更上一层楼。

第三圣道

开源节流，百年复利

复利是世界上第八大奇迹

投资首先得有“资”可以投，有钱可以投。虽然我为子孙留下了一个家族基金，解决了资金的问题，但节约的美德是必须继续保持下去。家族的第一桶金，横跨了三代人，从我爷爷，到我父亲，再到我这一代，才艰苦地积累出来。从贫困的农民到指挥若定的投资家，从吃不饱到可以去追求自我价值，这个进化是如此的艰难。这不是某一个人的功劳，而是几代人的牺牲忍耐。这一切来之不易，望后人倍加珍惜。

说不准，某些年以后，我们家族所有的财富因为历史的动荡、战争等不可抗拒的原因而失去。但精神是永远不会被夺走的，只要这种精神还在，家业的复兴终会重新来临。我们最大的财富不是拥有多少钱，而是人本身，是人的精神与意志。有了这些，你才可以创造无穷无尽的财富。所以要假设，你们现在一无所有，你如何开始你的投资事业？

爱因斯坦说复利是世界上第八大奇迹，威力比原子弹还厉害。

复利是一件威力强大的武器，在自然界中众多弱小的生物依靠着“复利式的繁殖”获得了生存的空间。有些鱼类是非常弱小的，常常成为别的生物的粮食。但它们通过大量的繁殖，一条鱼可以一次产卵上万颗，假如全部成活后，后代再次产卵，就变成上亿条，再繁殖就是万亿条。尽管它们处于食物链的低端，被各种生物捕食，但通过这种几何级数的繁殖，它们依然获得生存的空间。这是大自然弱者的生存法则。

在人类社会，工薪阶层要积累足够的财富，也必须依靠这种复利法则。假若你仅仅依靠劳力收入，仅仅依靠出卖你的个人能力获取报酬，那么很快的，你的身体会被掏空，你的财富也无法有效积累。

投资也就是要从主动性收入过渡至被动性收入，劳动性收入过渡至财产性收入。

图 3—1 是工薪阶层的收入曲线图。

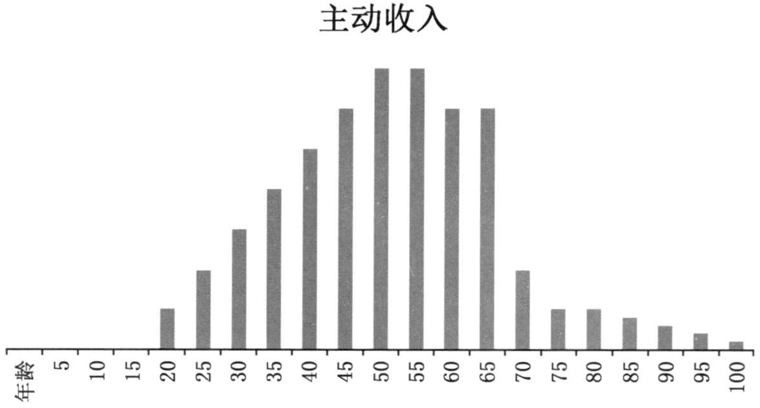

图 3—1 工薪阶层的收入曲线

大概我们 20 岁开始工作有了收入，随着经验的增长我们在 50 岁左右达到了人生的收入高峰。但随着 60 岁退休之后，收入就出现断崖式下跌，根本无法再依靠主动性的收入来维持原有的生活水平。中国人有养儿防老的传统观念，实质就是应对这个收入断崖的情况。

投资实质就是要将主动性收入为主导慢慢转化过渡至被动性收入。当你的被动性收入超越了主动性收入之后，你就可以从出卖时间及体力中解放出来，从而更好地实现自己更高的人生理想。这也就是我们常说的追求财务自由。

如果我们“投资防老”，又是怎么一种情况呢？请看图 3—2。

图 3—2 中的投资参数设定为将工作收入（主动性收入）的 20％用于投资（被动性收入），投资收益为 20％。从图 3—

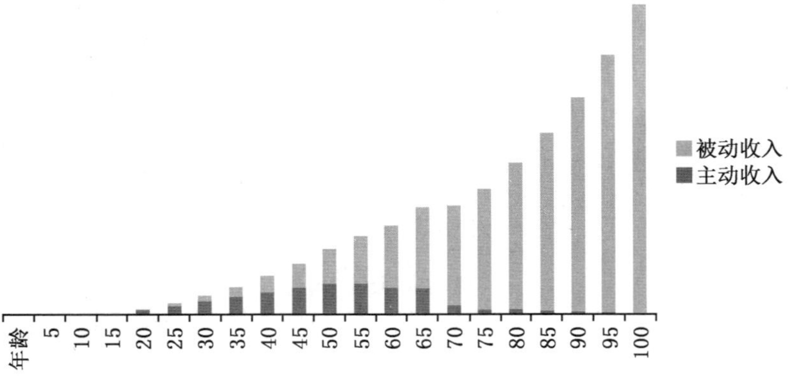

图 3—2 加入了投资(被动性收入)的收入增长

2 可以看出，刚刚开始的时候投资收入微不足道，但它却像一颗种子，随着时间慢慢成长，投资的被动性的收入也会在 45 岁的时候超越了主动性收入。而且在退休之后投资性收入远超你之前的工作收入，使你今后的生活质量不仅不会受到侵蚀。随着时间的推移，投资收益还越来越厚，还能留下很大一笔遗产给下一代，从而依靠投资改变整个家庭贫困的命运。

投资如同一颗种子，刚刚开始微不足道，但它会随着时间成长为参天大树，支撑起整个收入结构。因此，投资越早开始越好，从第一份工作收入开始就应该结余一定比例的资金用于投资。

复利投资是财富的加速器。

关于复利有最著名的一个故事。在古老的印度王国，国王要重赏国际象棋的发明人——当时的宰相。而宰相什么贵重的奖励都不要，只要国王命人在全部棋盘格里放入米粒，作为对他的奖赏。但放入米粒时的规则如下：第一格内一粒，第二格内两粒，第三格内四粒……以此类推，每一格内都是前一格的两倍。国王笑了，认为宰相太小家子气，但等他知道结果后，他就笑不出声了。国王没有仔细思考，以为要求很小，于是就欣然同意了。但很快国王就发现，即使将自己国库所有的粮食都给他，也不够1%。因为从表面上看，宰相的要求起点十分低，从一粒米粒开始，但是经过很多次的翻倍，就迅速变成庞大的天文数字，参见表3—1。

表3—1　　复利的巨大威力

第1格米粒	1
第2格米粒	2
第3格米粒	4
第4格米粒	8
第5格米粒	16
第6格米粒	32
第7格米粒	64
第8格米粒	128
第9格米粒	256
第10格米粒	512
第11格米粒	1024
第12格米粒	2048
第13格米粒	4096
第14格米粒	8192
第15格米粒	16384
第16格米粒	32768
第17格米粒	65536
第18格米粒	131072

续表

第 19 格米粒	262144
第 20 格米粒	524288
第 21 格米粒	1048576
第 22 格米粒	2097152
第 23 格米粒	4194304
第 24 格米粒	8388608
第 25 格米粒	16777216
第 26 格米粒	33554432
第 27 格米粒	67108864
第 28 格米粒	134217728
第 29 格米粒	268435456
第 30 格米粒	536870912
第 31 格米粒	1073741824
第 32 格米粒	2147483648
第 33 格米粒	4294967296
第 34 格米粒	8589934592
第 35 格米粒	17179869184
第 36 格米粒	34359738368
第 37 格米粒	68719476736
第 38 格米粒	137438953472
第 39 格米粒	274877906944
第 40 格米粒	549755813888
第 41 格米粒	1099511627776
第 42 格米粒	2199023255552

续表

第 43 格米粒	4398046511104
第 44 格米粒	8796093022208
第 45 格米粒	17592186044416
第 46 格米粒	35184372088832
第 47 格米粒	70368744177664
第 48 格米粒	140737488355328
第 49 格米粒	281474976710656
第 50 格米粒	562949953421312
第 51 格米粒	1125899906842620
第 52 格米粒	2251799813685250
第 53 格米粒	4503599627370500
第 54 格米粒	9007199254740990
第 55 格米粒	18014398509482000
第 56 格米粒	36028797018964000
第 57 格米粒	72057594037927900
第 58 格米粒	144115188075856000
第 59 格米粒	288230376151712000
第 60 格米粒	576460752303423000
第 61 格米粒	1152921504606850000
第 62 格米粒	2305843009213690000
第 63 格米粒	4611686018427390000
第 64 格米粒	9223372036854780000
合计	18446744073709600000

1 公斤米粒约 4 万粒，换算成吨的话，约等于 4 611 亿吨，而我国 2010 年粮食年产量 5.4 亿吨，相当于我国年产量的 800 多倍。

上述只是一个故事。那么我们看看一个真实的案例。巴菲特近 60 年的投资收益率，复利合计增长超过 56 000 倍，平均年复利为 25%。可能在很多中国股民眼中是看不起这 25%的年收益，觉得这收益太低了。但就是这个不起眼的收益率成就了巴菲特的股神地位，参见表 3—2、图 3—3。

表 3—2　　巴菲特的复合收益率

年份	收益率	累计收益率
1957 年	10.40%	10.40%
1958 年	40.90%	55.55%
1959 年	25.90%	95.84%
1960 年	22.80%	140.49%
1961 年	45.90%	250.88%
1962 年	13.90%	299.65%
1963 年	38.70%	454.32%
1964 年	27.80%	608.42%
1965 年	23.80%	777.02%
1966 年	20.30%	955.06%
1967 年	11.00%	1071.12%
1968 年	19.00%	1293.63%
1969 年	16.20%	1519.40%
1970 年	12.00%	1713.72%

续表

年份	收益率	累计收益率
1971年	16.40%	2011.17%
1972年	21.70%	2469.30%
1973年	4.70%	2590.05%
1974年	5.50%	2738.01%
1975年	21.90%	3359.53%
1976年	59.30%	5411.03%
1977年	31.90%	7169.05%
1978年	24.00%	8913.63%
1979年	35.70%	12131.49%
1980年	19.30%	14492.17%
1981年	31.40%	19074.11%
1982年	40.00%	26743.75%
1983年	32.30%	35414.28%
1984年	13.60%	40244.23%
1985年	48.20%	59690.14%
1986年	26.10%	75295.37%
1987年	19.50%	89997.47%
1988年	20.10%	108107.06%
1989年	44.40%	156150.99%
1990年	7.40%	167713.57%
1991年	39.60%	234167.74%
1992年	20.30%	281724.09%
1993年	14.30%	322024.93%

续表

年份	收益率	累计收益率
1994 年	13.90%	366800.30%
1995 年	43.10%	524934.33%
1996 年	31.80%	691895.24%
1997 年	34.10%	927865.62%
1998 年	48.30%	1376073.01%
1999 年	0.50%	1382953.88%
2000 年	6.50%	1472852.38%
2001 年	−6.20%	1381529.33%
2002 年	10.00%	1519692.27%
2003 年	21.00%	1838848.64%
2004 年	10.50%	2031938.25%
2005 年	6.40%	2161988.70%
2006 年	18.40%	2559813.02%
2007 年	11.00%	2841403.45%
2008 年	−9.60%	2568619.12%
2009 年	19.80%	3077225.51%
2010 年	13.10%	3480355.15%
2011 年	4.60%	3640456.09%
2012 年	14.40%	4164696.16%
2013 年	18.20%	4922689.06%
2014 年	8.30%	5331280.55%
2015 年	6.40%	5672488.91%

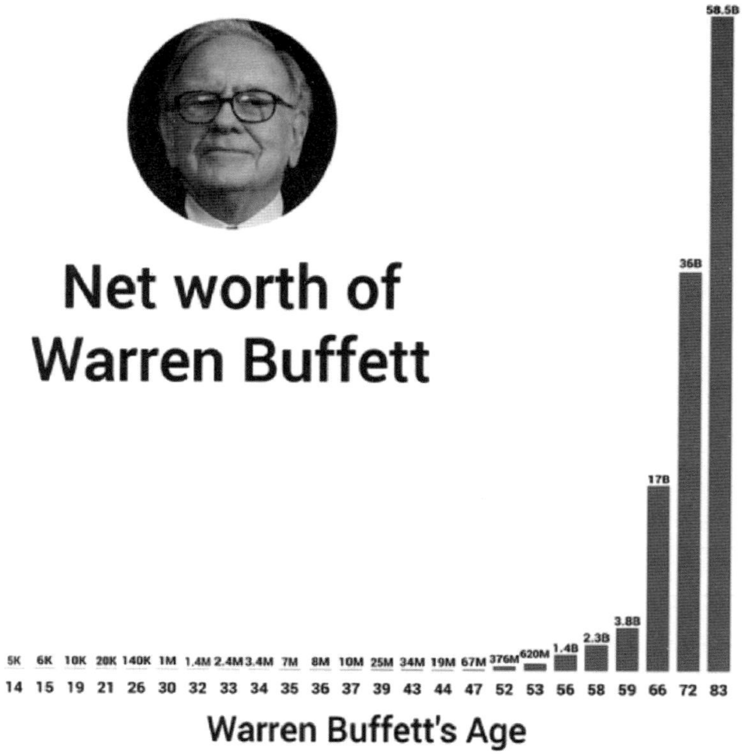

图 3—3　巴菲特收益率

这是我这个时代最著名的投资家巴菲特的财富曲线。你会发现，他的财富 90%都是由最后那十几年的时间所产生的。复利的投资积累就是如此威力强大。只要能够保持 20%的年收益率，那么将可以在 13 年的时间将财富增长 10 倍。这也是 90%的财富由最后那 13 年所产生的原因。

事实上，只要根据一些简单的投资原则，投资一些优质股票，学习一些投资技巧，长期复利可以达到 20%甚至更高。若能达到 20%的长期复利，那么 100 年的复利收益将是

82 817 974 倍！只要现在投资 1 万元，100 年后你的家族后人将拥有 8 000 亿元！那将彻底改变你的家族命运。

这里说一个我自己的真实例子。与我同龄的一位朋友，在日本一家企业工作，打拼了几年之后升职加薪，年薪达到了 100 万元。作为一个没有背景的中国人在非常严谨的日本企业中取得这样的地位，已经说明我这位朋友超人般的工作能力。而那年我的年收入刚好也是 100 万元，不同的是，他的收入是工资加奖金，而我的收入是依靠投资。我们选择了两个不同的发展方向。又过了几年，我的投资收入已经达到了 200 万元，而他还停留在 100 万元。到现在，我的投资收益已经达到千万元级，而他的收入虽然有所增长但还是停留在百万元的级别。

复利就是财富的加速器。假如你每年结余 5 万元用于投资，以 20％的年收益计算，参见表 3—3：

表 3—3　　　　每年投资 5 万元 20％的年化收益(一)

年数	总资产(万元)	财富增加
第 1 年	5	
第 2 年	11	6
第 3 年	18	7
第 4 年	27	9
第 5 年	37	10
第 6 年	50	12
第 7 年	65	15
第 8 年	82	18
第 9 年	104	21

续表

年数	总资产(万元)	财富增加
第 10 年	130	26
第 11 年	161	31
第 12 年	198	37
第 13 年	242	45
第 14 年	296	53
第 15 年	360	64
第 16 年	437	77
第 17 年	530	92
第 18 年	641	111

从表 3—3 计算可以看出,第 1 个 100 万元积累需要用 9 年的时间,第 2 个 100 万元只需要再过 3 年,第 3 个 100 万元只用了两年,到了第 18 年你一年的增长就已经达超过了 100 万元。你赚 100 万元的时间变得越来越短！这就是财富的加速度。

假如继续投资下去。

表 3—4　　每年投资 5 万元 20%的收益率(二)

资产	投资年数
933.44	20
5 909.41	30
36 719.29	40
227 485.95	50

每年投资 5 万元（相当于 2015 年的人均收入）于 20%的复利中去，50 年后将获得 22 亿元，相当于 44 000 倍的人均收入。即使扣除通货膨胀，也能获得 10 000 倍的真实人均收入。这相当于用 50 年的时间创造了 1 万年的收入。复利就是如此的神奇。

我们家族的伟业就是要建立在复利之上。现在投资 1 亿元，20%年收益复利 51 年，就是 10 000 亿元！即使我做不到，也请后人继承我的遗愿。达到 1 万亿元的那天，请来我的墓前告慰我！

另外，复利投资还有一个很重要的作用，它让你意识到再投资的重要性。就像我之前所提到的年薪百万元的朋友，虽然收入水平已经是 TOP1%的水平，但他的储蓄并不多。他是平时 30 万元的月工资，加年底 70 万元的分红奖金。一下子一大笔钱到手了，又没有很好的投资渠道，钱放在卡上，不知不觉就花光了。一时买个名牌花个几万元，有时去个欧洲又花几万元，一年下来没有剩下多少钱，总是不知不觉间把钱花费在很多不需要的地方上。钱花光了都不知道怎么花的，但计算一下总支出却把自己也吓了一大跳。但当你懂得投资之后，这一情况就会大大地改变你的消费观。因为你知道，将收入的每 1 元用于再投资，都可以换取将来更多的收益。你就会慢慢学会合理支出，你今天花的 1 万元，将会可以增长到 100 万元，你相当于花掉了一个 100 万元的种子基金，知道后你就会小心的思量每一笔的支出。

收入多少是一种能力，最终能结余多少又是另一种能力。股票投资将成为你的财富蓄水池。

复利的威力是如此的强大，这就是我开始所说的开源节流的原因。不要忽视每 1 分钱的力量，它最终可以复利成巨大的财富。

我已经财富自由了，我无须再工作来增加收入就可以过上很好很舒服的生活。虽然我财富自由，但我依然在写投资文章，为朋友做保险服务，在网上销售蜂蜜。很多人不理解，我已经拥有最大的财富，为什么还辛苦地赚这些小钱呢。

首先，我想说，我一点也不觉得辛苦，这些其实都是紧紧围绕着“投资养生”的主题，是我的乐趣所在。一个人喜欢打游戏，他天天打游戏，你能说他辛苦吗？做这些工作对于我来说，犹如天天玩游戏，还很享受，还将这种享受创造了收入，服务了他人，获得了报酬，非常有成就感。

其次，这不是小钱，在我眼中一点也不小。我依靠这些服务，每年赚到 5 万元，就是一个普通人的一年劳动收入。我曾经当过货车司机，每天 5 点起床到工厂装货，为的就是要在客户 8 点开门的时候能够准时送完第一车货，然后就可以抓紧时间去跑第二车，一直跑到晚上八九点。而每个月的收入也只有 3 000 元。但我依然不觉得苦，因为我知道我创造的每 1 分收入都投入复利当中去，我正在一步一步地完成一个伟大的事业，改变家族的百年命运。现在写写文章、卖卖保险就获得这种收入，对比当初是非常的轻松，一点也不累。而每年 5 万元的收入，投入到复利当中 50 年后就是 22 亿元，扣除通货膨胀是 1 万年的人均收入，这可是真真正正的大生意！怎么会是小钱！开源节流！不因善小而不为，不要因为钱少而浪费，每 1 分钱最终都可以创造巨大的财富。

我在投资的修行过程中明显地感觉到，创造财富获得的快乐满足感远远超越了花费财富，这才导致了我富有却节俭。我节俭当然一方面是因为家庭早年的贫困造成的心理影响，但当我富有之后依旧节俭，并不是因为我有多高的道德水平，而是我从节俭中获得巨大的快乐，节俭而来的钱又再次为我创造巨大的财富。世俗的人们总是喜欢享受性的消费，炫耀性的消费，这样才能够带给他们的大脑刺激，感到内心满足。殊不知这种消费性带来的快乐刺激是非常短暂的，你的大脑很快就适应了，刺激消退，人便感到不安烦躁，内心强烈的欲望要求再次寻找高消费刺激，如此不能自拔，恶性循环。

而创造性的刺激是平和、持久的。我创造了财富，在长达几十年的回忆中，在对子子孙孙讲述的故事当中，我依然津津乐道。我完成了这种大脑的“正反馈”。与其说我有节俭的美德，不如说我享受节俭的快乐。

人就是这样的一种动物，让他们去坚持是不可能的。让我坚持做不喜欢做的事情，让我去学英语，对不起，我坚持不住。这是我的人性弱点。但我在其他方面能坚持得非常好，节约，简单的生活，运动健康，看书学习，写作，这是我每天的工作。但我没有多么惊人的毅力，没有，我一点也没有，因为我从来没有感觉到痛苦。我从来没有感觉到自己有坚持过，我只是在享受，享受我做完这些事情带给我的种种好处。这形成了大脑的正反馈，一种良性循环。

我要告诫我的子孙，坚持不是一种持久的状态。人性的弱点决定你坚持不了多久。你们要真真正正体会投资的乐趣。你要体会复利是多么神奇的奇迹，可以将财富放大到惊人的地步。理论上是这样，但实践上呢？我们一起试试如何？我们一起创造这样的一个奇迹，然后你又可以把这个故事讲给子孙听。通过投资获得了财富，改善了家庭的生活，让孩子得到好的教育，有余力还能帮助别人做慈善，还能把财富传承下去，你不觉得这样的一个事情很有趣、很伟大、很有使命感吗？你从内心深处认识到这种快乐，这种成就感，然后你就不再需要坚持了，反而会发自内心地去享受、创造这一切。你的精神修养自然地与投资能力配合在一起，并不断地提升。

投资不仅是创造一个伟大的事业，还是在参与一场很快乐的游戏。就如同 30 岁的人学习外语是非常痛苦的，需要非常大的毅力。但你们在 3 岁时跟外国的老师玩玩游戏，自然就把外语学会了，乐在其中。这种学习的方式得到的能力，你说高不高？自然对外语是不会忘记了。

我们就用这种方式，玩玩投资的游戏，自然就把事业做好了，不知不觉间把精神修养提升了，最后顺势把家业传承了。一切如此的自然简单，水到渠成。

明白了追求复利的重要意义，关键还要理解复利是如何产生的？我们试图解释复利的产生机制。

复利就是将收益重新投资，让收益产生新的收益。复利本质上是一种生产的规模扩大化。

假设你投资一家餐厅花费 100 万元，这家餐厅生意很好，当年就赚了 100 万元。然后，这 100 万元的利润可以再投资一个新的餐厅，假如这个餐厅依然生意很好的话，第二年就能够赚多 200 万元。如此复利下去，你会很快富可敌国。这就是连锁店的模式。开了一个成功的样板示范店，用利润再开新店，不断地扩大。工厂赚到了钱，把利润投资到新的车间生产线，增加产量，然后增加销售，增加利润。

理论上是如此，但现实中要实现不太容易。一个样板店的成功，不代表其他店能复制成功，也可能失败。目前很多工厂的困境也是如此。在 20 世纪 80 年代，大家开设厂房生产商品赚到了钱，然后再把钱又投资扩大生产，在短短 20 年间能够赚到翻很多倍的利润。这是复利。但目前很难，因为市场已经饱和，竞争激烈。但目前很多人依然停留在过去旧有的思维模式中,认为继续扩大生产这个招数还能行得通,殊不知时过境迁,一切环境条件已经不再适用。这种复利是不稳定的。

我们要追求稳定的复利,可以经历数百年的复利。

这就要求复利要有特定的条件,才是真正的复利。我们从空间、时间、收益率上进行剖析。一个能持续百年的复利,必须具有空间、时间、收益率三个条件。

第一,复利必须有足够大的空间。因为复利是几何指数级的增长,没有足够大的空间,这招很快就到头了。我爷爷及父亲早年是农民,很贫困。穷则思变,当时爷爷想到了一个绝妙的生意。他们地处农村,大米是比较便宜的。但农村缺乏加工作坊,所以面条就比较贵。而在广州刚刚相反,大米是比较贵的,面条却是比较便宜。当时爷爷发现了这个生意,每天带着父亲,从农村挑着大米到广州换成面条,再将面条到农村换成大米。刚刚开始的时间,100 斤的大米能够换成 120 斤的面条,然后这 120 斤的面条又能够在农村换成 140 斤的大米。这是我们家族最早进行的复利生意!多么天才的想法。然而,好景不长,其他村民看到这个红火的生意,马上加入竞争。很快从 100 斤大米换 120 斤面条下滑成换 110 斤的面条,甚至越来越少。很快这个收益已经抵不上人力成本的消耗,这个生意也就完蛋了。

这也是一个复利的生意,但稳定性太差,空间太少,根本无法持久。

我们要追求百年的复利。能够上百年的复利,必然是大生意。大生意就必须有大空间。空间的大小决定了复利的极限,在小温室里是长不出参天大树的。

关于大的复利空间,我们分三部分来说:第一部分是生意内部的复利空间;第二部分是生意外部的复利空间;第三部分是跨行业的复利空间。

一是生意内部的复利空间。假设由你和朋友共10人合伙投资餐厅(我喜欢用餐厅举例……),每人出资10万元共100万元,一年利润100万元,平均每人分得10万元。第二年,有一个合伙人退股,你用分的10万元利润把他的股份买入,那么你占有的股份即为20%,第二年可分利润20万元。第三年继续买其他股东的股份,你占股份为40%。再到第四年你可以占股份80%。当然前提是其他股东愿意卖给你,如此赚钱的生意,没有人愿意卖给你的,这样的小生意缺乏足够的流动性。但原理就是这样,我们要寻找足够大的内部复利空间。

假如投资房产,一个房产100万元,产生5万元的租金,而这5万元的租金,我是无法再投资于房产产生复利。

大型的上市公司就是这样一个例子。优秀的上市公司很赚钱,但同时它的股份足够多,流动性足够好,总有一些人愿意卖出来,你获得的利润可以买到足够的股份。比如,我投资了1亿元在招商银行,每年分我500万元,这500万元我很容易再投资于招商银行获得持续的复利。内部空间足够大,流动性足够高,这就是投资大型蓝筹股票的优势。

二是生意外部的复利空间。招商银行只分了我500万元,事实上它一年盈利应该分我2 000万元,另外1 500万元它留存了继续自己的生意经营。就是说,招商银行代表我继续经营这1 500万元的利润。那必须是它能够把这1 500万元经营好,能够产生复利,我才愿意继续持有这个投资。因此,要求我们寻找那些能够产生持续复利的行业及公司。这也是我不愿意投资制造企业的重要原因。制造企业的行业天花板太低,空间太小,行业竞争激烈。假如是制造企业留存了我的 1 500 万元,它要怎么运用呢?市场需求饱和竞争激烈,无法有效扩大生产,即使扩大了生产,销售也非常困难,恶性的价格战,无法有效产生利润。我的 1 500 万元利润就白白浪费了复利的机会,最终可能沦为无效的投资,投资了一堆厂房或设备,等待被市场淘汰,最终价值折旧接近于零。这是非常可怕的,这是复利的最大收入。我们要避免投资这种企业及行业。

又例如投资于字画。即使这幅字画能够被市场炒作升值 1 倍,然后呢?然后没有了然后,它总不能一幅变两幅,它总不能无中生有吧。复利的实质是利润的再投入生产,再产生新的利润。没有再投入生产,复利无从谈起。

我特别愿意投资金融业,例如银行业及保险业,特别是保险业。目前金融的行业足够大,金融企业留存的利润可以有效地“钱生钱”,钱可以继续投入。因为这个社会对资金的需求太大了,资金永远有市场有需求,有足够的复利空间。金融企业本身就是大块头,内部复利空间足够大,外部复利空间也足够大。金融永不过时,只要人类继续发展,金融就会永恒发展,提供足够的复利空间。即使它开始衰落,也会给我们足够的时间去觉察,从而退出。

三是跨行业的复利空间。世事无绝对。任何一个事物会诞生也就意味着也会消亡。只是有时候,这个时期很漫长,从而给了我们永恒的错觉。这让我们要时刻警醒着。当一个事物开始消亡衰落,我们就应该选择退出。带着我们的利润,寻找新的复利空间,又再从第一部分重新开始,从一个行业,跳到另一个行业。这也是投资永生的基础。

生意内部及外部的复利,是以年为计的。当年的利润当年可投入重新复利。而跨行业的复利是以周期计算。这个周期是多少无法说清楚。一个好的行业可以景气数十年。而当它衰落之时,我们便带着它的利润转移到新的行业。

第二,复利的时间。复利必须有足够持久的复利时间。我一直以来都是倡导“投资养生”结合在一起,说白了就是创造出更多时间。我们家族的人,大概从 20 岁开始投资,到 80 岁大概是 60 年的投资时间。那么,你这辈子的收益大概已经确定在 1.2 的 60 次方=56 000 倍的收益。

时间对于大多数人来说都是公平的。但我们作为价值投资者,不需要亲身参与企业的经营,把经营的难题交给那些聪明又勤奋的管理层就可以了。我们有大把的空闲时间,管理好自己的身体健康,没有压力,没有应酬。价值投资者应该比普通的技术投资者更长寿。

如果我们能够活过 100 岁,我们即有 80 年的复利时间。1.2 的 80 次方=2 160 000 倍。在你们 20 岁的时候,家族基金给你们 100 年的人均收入作为初始投资启动资金,你们最终可以创造上亿年的人均收入。

复利的时间,不是按年计算的,而是按周期计算的。它不会平均每年稳定的复利 20%,它是呈现周期性的。有时候很高,有时候很低,甚至亏损,但这没有关系,只要你当初买的是一个优秀的公司,遵从了上面的原则,寻找足够大的复利空间的股票,在不太高的价格买入,最终会获得非常高的复利回报。

周期性的回报一般是这样。假设一个 10 年的投资周期,你 10 倍市盈率买入一个公司,这个公司每年利润大约增长 10%。这 10 年,公司积累增长 3 倍利润增长,然后在 10 年之后遇上一个好的市场行情,市场给予这个公司 20 倍市盈率的估值。这样你卖出的价格就是当初的 3×2=6 倍。你在 10 年后获得了6倍的收益,年化收益率约为20%。这就是复利时间周期的基本原理。真正的复利是按照一个完整的周期计算的,在低迷期进入,在高潮时离开,完成一次完整的复利投资。

第三,复利的收益率。在长期投资中,复利收益率对最终收益有超级大的影响。计算18%与20%的80年复利收益如下:

1.18的80次方=560 000倍

1.2的80次方=2 160 000倍

尽管收益率只相差了2个百分点,但经历了80年的长期复利的放大效应,最终收益相差非常巨大。这也是开源节流中的"节流"的重要性。其实,每年损失一两个百分点的收益是很容易的,比如我们频繁的交易买卖。买卖本身是不会产生利润的(尽管我们总是自认为比市场聪明能够通过买卖快速赚取利润),它只会产生手续费用。如果从百年的战略高度,从百年的复利收益来计算,这个手续费用最终造成的收益损失是非常的惊人的。

这也是我反对购买基金的一个原因。先不说现在的基金经理水平低下,大多数人跑不赢大盘。基金每年要支付1%~2%的管理费用,这是明面的。一个主动交易型的基金,它私底下每年交易多少次?交了多少手续税费?这些是无法监管的。购买基金每年支付的实际费用远超2%。长期而言,购买基金复利损耗巨大。

另外,资产本身的收益率决定了最终的复利收益。前面我们已经讨论了,长期而言,收益最高的是股票,因为股票长期代表了人类最先进的生产力,是一个有生命力的组织。而最差的资产是现金,长期实际收益为负。这就决定了我们家族今后将长期持有股票资产,当然除了少数的时期,例如市场疯狂的时候,股价的疯狂已经预支了未来10年收益,那么这时候就应该持有现金或债券，等待时机再投资股票。

一言以蔽之，复利投资就是要寻找那些有足够的复利空间、复利时间及复利收益率的资产进行长期投资。

说完这些，最终其实又回到好的行业、好的公司这个原点之中。你会发现，投资始终无法离开好行业、好公司这个基石。任何投资技巧，只是在这个基础上锦上添花。我们不能本末倒置，过于追求技巧而忘记根本。大巧若拙，真正的技术是无须追求技巧，而直击事物的本质。“好行业，好公司，好价格。”低估买入优秀公司，高估卖出，就已经融合了投资永生，涵盖了股票本质、复利投资这一系列的原则。也就是说，当你能够做到低估买入优秀公司，高估卖出，后面一系列的如何才能够投资永生。买股票的本质就是买公司，如何追求百年复利投资等的一系列原则，就已经做到了。这句话必须要好好感悟。

第四圣道

好玉有价，成长难测

◆

在不确定性中追求确定性

我常说的一句话，股票投资的全部，就是低估买入优秀公司，耐心持有，高估卖出。整个股票投资只需要掌握两部分：一是如何判断这个公司是否拥有好的生意模式，这个模式能否给股东带来持久稳定的利润。二是如何判断这个公司的股价是低是高。“好公司＋好价格＝好股票。”

挑选股票最重要的是性价比。一只股票的质量是由公司本身的质量及买入的价格综合而成的，缺一不可。最好的投资，当然是这家公司既优秀，股价又便宜。但这种情况比较少见，所以遇上的时候要好好把握。比较容易的是公司优秀而股价合理。虽然股价算不上十分便宜，但优秀的公司不断持久地创造利润，利润不断地创出新高，它的股价也会跟随创出新高的。而且当市场意识到这是一个非常优秀的公司，市场出现乐观的情绪，就会给予这家公司高估值，而我们能够轻易地卖出。在完成了一次完整的投资之后，又可以寻找下一个对象。

在我整个投资生涯中，最可怕的陷阱是，以高估的价格买了优秀的公司。这种投资对长期复利的损害，远远超越了我们的想象力。这种损害甚至比低价买进垃圾公司还要大。垃圾公司大家都知道它很差劲，市场对它没有预期，给予的估值非常低，所以垃圾公司尽管未来没有什么成长的可能性，但由于你买入的价格足够低往往不至于损失太大。而高估买进那些有美好前景的公司，往往要付出惨重的代价，尽管这些公司未来增长的确不错。这是西格尔教授在《投资者的未来》提出的“增长率陷阱”。我们重温一下历史的教训。好的著作饱含了智者一生的智慧，我们要反反复复地读。花几十元就买到别人一生的智慧总结，世界上没有比读书更好的投资了。

从 1950 年到 2003 年这 50 年间，IBM 各项数据的增长远远高于新泽西标准石油。IBM是标准的高科技成长股，新泽西石油是没有前景的股票，参见表4—1。

表4—1　　1950—2003年IBM与新泽西标准石油增长率比较

增长率	IBM(%)	新泽西标准石油(%)	占优者
每股收入	12.19	8.04	IBM
每股利润	10.94	7.47	IBM
每股股利	9.19	7.11	IBM
行业增长	14.65	—14.22	IBM

假如一个未卜先知的精灵在1950年就把这些事情告诉了你，你会把钱投到哪里？IBM还是新泽西标准石油？如果你的回答是IBM，很不幸，你已经成了增长率陷阱的牺牲品。

如果在1950年将1 000美元投资于新泽西标准石油并将股利再投资，2003年将增值到126万美元，而投向IBM的1000美元只能增值至96.1万美元。

50年后IBM投资收益不如新泽西标准石油的根本原因就是投资IBM时支付估值过高的股价。IBM当时是标准的白马股，市场普遍看好。这50年里，IBM的平均市盈率是26.7倍，过高的股价透支了未来的投资收益。这50年里，新泽西标准石油的平均市盈率是12.9倍，尽管新泽西标准石油的成长性不如IBM，但它股价低，低到足够补偿它的成长性不足的缺陷。

俗话说，黄金有价玉无价。在价值投资中这是不适用的。无论一个企业未来看似有多么诱人，多么有成长性，以高估的价格买进，都是非常愚蠢的。市场上常常出现一个声音，“这个公司将会是下一个苹果公司，下一个可口可乐，下一个沃尔玛，下一个×××”。这种愚蠢的诱导往往包含了一个前提，无论用多高的价格买进都能赚大钱，愚蠢之极！

这种付出过高价格的损失有多大，我们用历史来警示。

我从1900—2000年这一百年的美国道·琼斯指数说起。希望这百年历史能给读者们启发。

道指从1900年80点开始，直到1924年7月26日，首次站上了100点。整整24年，涨幅25%，年均收益率只有不足1%！而这期间，美国GDP从205亿美元增长到876亿美元。经济发展没有问题，企业都是盈利的。关键就是，道指从1900年24倍的PE，一路降至1924年的5倍PE。尽管企业盈利不断地创新高，但同时市场PE却不断地创新低。这是导致24年的收益率如此之低的原因。

1929年9月，道指涨到该时期的历史最高点386点，随后发生美股历史上最大的股灾。1932年7月，道指跌至40点，跌幅近90%。难以估算这一时期有多少人破产，有多少人自杀。PE从1929年最高的34倍，跌至1932年的不足5倍。然后直到1954年，用了25年的时间，道指才重回1929年的高点。

1966年1月18日，道指首次触及1 000点大关，PE达到了24倍。而真正站稳1 000点，那么得等到16年之后，道指在1982年10月才真正突破1 000点。此时PE也只有5倍。

1999年3月，道指收盘于万点之上，此时PE达到了40倍以上。直到11年之后的2010年8月26日，道指依然收于9 985点。同时期高科技企业的代表纳斯达克指数在2000年3月达到5 100点，PE达到100倍以上。时隔15年之后的2015年3月1日，纳指依然只收于5 000点。

整理完这些数据，给我的感觉是触目惊心！为了消化过高的 PE，动不动就要花费 10 年甚至 20 年。普通投资者一生就大概只有那么 50 年的投资黄金期。这个损失之大，触目惊心！

PE 的公式就是市值除以盈利。一只股票市值 1 000 亿元，每年盈利 100 亿元，那么它的 PE 就是 10 倍。但我们常常忽略了 PE 本质的意义，就是一个投资回本的时间。

10 倍 PE 就是以现价买入，收回投资预计需要花费 10 年时间。

20 倍 PE 就是以现价买入，收回投资预计需要花费 20 年时间。

30 倍 PE 就是以现价买入，收回投资预计需要花费 30 年时间。

那么这就是一个很常识性的问题了，你愿意花多少时间等待这项投资收回成本？当然是越低越好！

现实生活中，比如说现在的广东省，有十人九商之说法，就是说大家都喜欢创业，喜欢自己当老板做生意，坐在一起就在喝茶讨论现在有什么生意好做。而据我对身边的众多企业观察，这些企业的利润率基本在 5%左右，也就是这些企业老板他们所能够忍受的投资回报期是 20 年、20 倍 PE。再低于 5%的利润，他们便无法忍受，开始选择转型或干脆关闭企业退休。

而一些退休的老太太，可以说她们唯一的投资渠道就是银行定期存储，没有其他投资渠道的她们，可以忍受只有 2%的存款利息，投资回报期是 50 年、50 倍 PE。

而一些有贷款的人，贷款利率高达 10%，他们选择的投资回报率必须要高于 10%，所以投资不能高于 10PE。

这些例子就是我前面所说的关系到每个人资金成本、投资期限、预期收益和机会成本。

PE 投资选股，它是有特定的适用范围的。一只股票现值 1 000 亿元，每年盈利 100 亿元，它的 PE 就是 10 倍。但如果这个企业明年只盈利 1 亿元，那些它的 PE 就变成 1 000 倍，这个投资回收期是 1 000 年。这就是我一再强调优秀企业的稳定重要性。当一个企业盈利不稳定，一切技术数据都变成了空话！只有企业足够优秀，盈利稳定，估值才有意义。

我认为更需要关注的是 PE，无论一个企业净资产有多高，但如若这些资产无法产生利润，最终就是垃圾，毫无意义。追求利润的增长才是我们根本的出发点。

PB 估值的出发点是资产，PE 估值出发点是利润。显然我们投资就是为了追求利润，PE 估值的适用范围更广一些，

到底我们应该对 PE 选择一个什么的数据，是 10PE，还是 15PE？老实说我无法精确地说出这样一个数据，估值永远是模糊而非精确的。估值不是教条主义，不是 5PE 就一定能投资，不是 20PE 就一定不能买。否则，我们现在的行情软件这么方便，直接选择 PE、PB 最低的 10 个股票买入就行了，什么都不用管。这是明显的教条主义，它忽视了市场、行业、企业总是在一个不断变化的动态过程。

但是，作为总的原则，选择低 PE 是大方向正确的，请永远记住，过高 PE 的投资，总是会极大地损失我们未来的收益率。

写这本书的时候正是 2017 年。而在 10 年前的 2007 年，A 股经历了史上最大的牛市。上证指数涨到了 6 100 多点。现在 10 年过后的今天，上证指数依旧只有 3 100 多点，只有当年高峰的一半。假如在当年高峰买入，现在整整过去 10 年指数点位还在半山腰。10 年呀！整整失去了 10 年，投资人

能有多少个10年！

过高PE投资不仅仅是赚得少赚得慢的问题，更可能损害我们整个50年的投资人生！要从战略的高度重视这个问题。我们的整个投资人生，整个复利时间就只有五六十年，过高的估值付出的代价是动不动就10年，甚至20年，从投资人生的整个高度来看，这样的交易极不划算！

道指整个百年历史估值，参见图4—1。

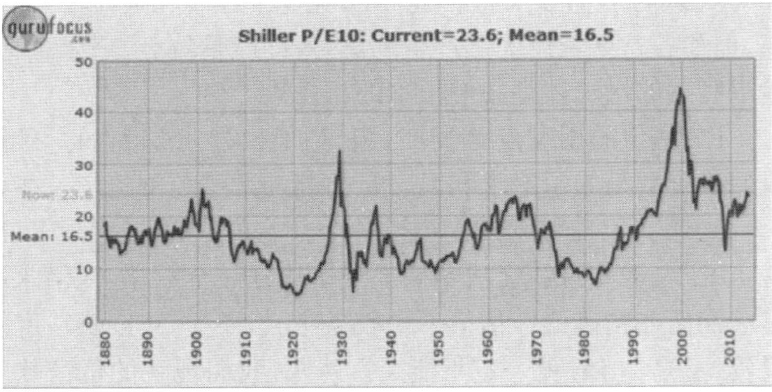

图4—1 道指百年市盈率高低状况

低PE投资不一定100%正确，毕竟还要考虑到具体的企业经营情况。但高PE投资就肯定100%的错误，除非你自认为有能力选出在2004年腾讯这类的企业。

这也是我们常常争论的到底是价值投资好还是成长股投资好的原因。这个问题完整的表述应该是，价值股定义是股价估值比较便宜，但业绩增长比较慢。成长股定义是股价估值比较贵，但业绩增长比较快。

一个便宜增长得慢，代表性的是金融业、制造业等板块，市盈率低于10倍，每年业绩增长大约也是10%。

一个贵但增长得快，代表性的是医药、消费、科技等板块。市盈率 20 倍很普通，30 倍以上是常态，但每年业绩增长可以达 30%以上。

选价格还是选业绩？价值与成长之争从格雷厄姆到巴菲特一直没有平息过。现在也有成长投资派与价值投资派之说。

如果要我说，肯定是成长跑赢价值。君不见，我作为一个价值投资者，一辈子如履薄冰追求的年收益率也就是 15%～20%，10 年下来也就是五六倍。那些成长股代表性的腾讯上市 12 年涨了 270 倍。在压倒性的业绩增长面前，即使你当初投资的时候付出极高的价格，最后的回报也是非常高的。

但话分两头，我们要怎么选出下一个腾讯，下一个×××？貌似当年马化腾想以 60 万元卖掉 QQ。即使在腾讯上市之后，马化腾也多次在低位减持。连创始人也无法预测自己公司未来的成长性，我们能有什么办法能够知道腾讯刚上市之时，发行价 3.7 港元，市值仅为约 64 亿港元，现在（2020 年 4 月 5 日）成长为 376.40 港元股价，总市值达到 35957.492 亿港元的超级黑马？这个问题与 20 年前如何在西湖边上找到马云请他吃一顿夜宵一样。投资成长股最大的问题是，我们如何识别出这是一只成长股？甚至是一只长期成长股？假如你能够解决这个问题，假如你能够像段永平投资网易从 0.8 美元坚持到 100 美元，有这样的能力，当然是选成长股，谁还傻傻地守着一年只有 15%增长率的价值股呢？

我的答案是，没有办法选出这样的成长股。即使我们家族偶然出现一两个天才式的人物，能够有超脱的眼光选择到那些成长 1 000 倍、10 000 倍的成长股。但如果你放在历史的长河之中，这毫无意义。我们追求的是投资永生，万世传承，基业长青。依靠的是每一代子孙的守业，不是依靠某一两个天才式的人物。天才式的招数，难以持久，普通人永远学不会天才那些远见、那些超凡的洞察力。我的假设是，我们子子孙孙都是普通人，依靠一些简单的原则，简单的道理，就可以把投资传承万世。能够永久传承下去的，必须是最本质的东西，最简单的道理。

最简单的道理，人人都可以掌握的道理只有一个，就是在价格便宜（至少合理）的情况下，投资优秀的公司。当然未必能够投资非常优秀、顶尖的公司，但只要价格便宜，投资一般的优秀公司也已经非常好了。买便宜还是买成长这个世纪争论，最好的解决之道就是中庸之道，投资那些适度的便宜，适度的成长的公司。凡事不走极端。

投资最重要的一个原则，就是投资那些已经成功的公司，不是投资将会成功的公司。一家成功的公司背后实际上已经有失败了数以万计的公司（实际上的概率比这还要高）。我们投资了一家成功的公司所带来的收益，远远不能覆盖投资那些 9 999 家失败的公司所造成的损失。只要我们从上百年的时间跨度去考虑这些问题，就再清楚不过了。为什么要投资那些可能成功的公司，而不投资那些已经经历了时间证明的成功公司呢？这是再简单不过的道理了。

稳定压倒一切。

那些在一个稳定的行业里，做到前几名的公司，都拥有稳定的丰厚利润的，已经是成功的公司。它的品牌已经得到认同，真金白银的利润就是最好的成绩单。这些公司看似没有太大的增长空间，每年的增长大约就 10%～20%，因为增长稳定，又不太高。烦躁的市场总是喜欢追求高增长，不待见这些增长缓慢的公司。这些已经成功的公司往往有较便宜的价格，比起那些可能会成功的公司，可能会便宜很多。

这种方法是选择不出下一个腾讯，下一个×××，不需要！我们需要的是持久的稳定性、安全性。要知道，任何一个不稳定、不安全、不持久的方法，放大到一百年甚至几百年，这是非常危险的。永远要记住，我们追求百年的稳定复利。我们不追求一时的强大，追求的是永恒的长寿。长寿的本质就是一种极其强大的能力。

投资那些已经取得成功的公司，且成功的价格中便宜的公司，这将是最优化的选择。

我们常常忽视了 PE 的本质意义，从而导致在 PE 选股的时候不够小心谨慎。PE 不仅仅是 10 或 20 这样一个表面的数字，它深刻的含义是这个投资按照企业目前的盈利情况，需要 10 年或 20 年才能收回。当你用自己仅有的 50 年投资生涯再去理解 PE 背后的意义，那是完全不一样的境界。你愿意投资一家 20 年才能回本的企业吗？你的人生有多少个 20 年可以等待？或许你会认为，20 倍 PE 的企业增长更快，它未来的盈利增长可以抵消高 PE 支付的溢价。但一次又一次的历史经验表明，预期看好的成长股往往突然间就不成长了，参见表 4—2。

表 4—2　　　　成长的烦恼

股票简称	净利润同比增长率(%) 2014 年	净利润同比增长率(%) 2013 年	净利润同比增长率(%) 2012 年	净利润同比增长率(%) 2015.12.31	所属同花顺行业
中国高科	62.01	317.96	492.52	−55.34	综合
海欣股份	344.90	26.36	35.64	−45.89	综合

续表

股票简称	净利润同比增长率(%)2014年	净利润同比增长率(%)2013年	净利润同比增长率(%)2012年	净利润同比增长率(%)2015.12.31	所属同花顺行业
泰合健康	32.02	48.68	61.56	−156.60	医药生物—中药—中药Ⅲ
香雪制药	24.36	47.66	28.35	−9.91	医药生物—中药—中药Ⅲ
佐力药业	27.39	30.64	21.75	−17.84	医药生物—中药—中药Ⅲ
和佳股份	28.11	40.69	56.58	−52.57	医药生物—医疗器械服务—医疗器械Ⅲ
新华医疗	40.90	41.86	52.26	−13.97	医药生物—医疗器械服务—医疗器械Ⅲ
丰原药业	49.89	43.79	73.00	−20.98	医药生物—化学制药—化学制剂
山大华特	41.82	26.06	29.70	−29.87	医药生物—化学制药—化学制剂
灵康药业	30.54	20.62	70.70	−0.11	医药生物—化学制药—化学制剂
普洛药业	92.50	22.04	81.32	−35.37	医药生物—化学制药—化学原料药
博腾股份	25.23	24.82	28.66	−12.03	医药生物—化学制药—化学原料药
鼎信通讯	53.65	27.18	220.16	−29.37	信息设备—通信设备—终端设备
迅游科技	31.22	48.37	52.45	−1.35	信息设备—通信设备—通信传输设备
欣天科技	61.33	29.98	47.80	−37.54	信息设备—通信设备—通信传输设备
聚龙股份	35.89	89.28	105.93	−29.78	信息设备—计算机设备—计算机设备Ⅲ

续表

股票简称	净利润同比增长率(%)2014年	净利润同比增长率(%)2013年	净利润同比增长率(%)2012年	净利润同比增长率(%)2015.12.31	所属同花顺行业
飞天诚信	31.41	94.67	75.43	—30.56	信息设备—计算机设备—计算机设备Ⅲ
古鳌科技	35.84	82.10	78.61	—9.28	信息设备—计算机设备—计算机设备Ⅲ
路通视信	27.15	67.10	97.53	—9.66	信息服务—通信服务—有线电视网络
人民网	21.02	29.75	50.78	—16.94	信息服务—通信服务—互联网信息服务
神州泰岳	22.33	20.63	21.47	—44.51	信息服务—计算机应用—软件开发及服务
银江股份	20.35	31.06	34.63	—36.56	信息服务—计算机应用—软件开发及服务
维宏股份	36.01	32.32	21.71	—15.90	信息服务—计算机应用—软件开发及服务
麦迪科技	26.25	122.03	769.36	—0.74	信息服务—计算机应用—软件开发及服务
蓝色光标	62.79	85.56	94.64	—90.49	信息服务—传媒—营销服务
光明乳业	40.48	30.43	30.89	—26.66	食品饮料—食品加工制造—乳品
齐峰新材	44.47	31.07	84.29	—1.01	轻工制造—造纸—造纸Ⅲ
帝龙文化	22.18	40.62	42.01	—13.38	轻工制造—家用轻工—其他家用轻工
农发种业	158.97	44.04	271.45	—23.55	农林牧渔—农业服务—农业综合”
金螳螂	20.06	40.68	51.67	—14.65	建筑材料—建筑装饰—装饰园林

续表

股票简称	净利润同比增长率(%)2014年	净利润同比增长率(%)2013年	净利润同比增长率(%)2012年	净利润同比增长率(%)2015.12.31	所属同花顺行业
普邦股份	30.52	26.92	42.85	−49.88	建筑材料—建筑装饰—装饰园林
三维工程	27.11	32.91	33.11	−18.65	建筑材料—建筑装饰—专业工程
上峰水泥	42.07	146.71	3286.83	−83.49	建筑材料—建筑材料—水泥制造
北新建材	22.08	33.80	29.48	−18.87	建筑材料—建筑材料—其他建材
格力电器	30.22	47.30	40.92	−11.46	家用电器—白色家电—空调
青岛海尔	27.88	27.67	21.54	−19.42	家用电器—白色家电—冰箱
杰瑞股份	21.83	53.17	51.57	−87.94	机械设备—专用设备—冶金矿采化工设备
弘亚数控	58.95	31.78	28.56	−17.67	机械设备—专用设备—其它专用机械
厚普股份	20.00	45.70	39.68	−1.69	机械设备—专用设备—其它专用机械
摩恩电气	55.47	138.22	22.61	−44.87	机械设备—电气设备—其他电力设备
奥特迅	58.89	111.13	47.55	−88.29	机械设备—电气设备—电源设备
中来股份	20.23	27.52	71.43	−8.33	机械设备—电气设备—电源设备
许继电气	45.74	119.53	112.15	−32.16	机械设备—电气设备—电气自控设备
思源电气	31.59	39.65	61.42	−16.26	机械设备—电气设备—电气自控设备

续表

股票简称	净利润同比增长率(%)2014 年	净利润同比增长率(%)2013 年	净利润同比增长率(%)2012 年	净利润同比增长率(%)2015.12.31	所属同花顺行业
新时达	22.37	22.69	20.60	−6.71	机械设备—电气设备—电气自控设备
卧龙电气	22.46	55.30	111.15	−19.18	机械设备—电气设备—电机
沙隆达 A	53.29	209.16	96.29	−71.16	化工—化学制品—农药
辉丰股份	23.37	41.20	85.32	−14.09	化工—化学制品—农药
海利尔	44.25	39.11	229.83	−1.56	化工—化学制品—农药
芭田股份	36.24	53.27	41.05	−14.68	化工—化学制品—复合肥
赛轮金宇	36.13	52.75	52.73	−42.04	化工—化工合成材料—轮胎
海特高新	24.31	56.70	32.77	−74.90	国防军工—国防军工—航空装备
漳泽电力	31.87	219.28	118.27	−31.42	公用事业—电力—火电
国投电力	69.42	213.61	217.16	−3.08	公用事业—电力—火电
外高桥	28.18	23.56	23.39	−22.72	房地产—因区开发—园区开发Ⅲ
迪马股份	92.17	147.37	59.74	−16.34	房地产—房地产开发—房地产开发Ⅲ
欧菲光	26.33	77.95	1450.41	−33.71	电子—光学光电子—光学元件
歌尔股份	26.84	44.05	71.79	−24.51	电子—电子制造—电子系统组装

续表

股票简称	净利润同比增长率(%)2014年	净利润同比增长率(%)2013年	净利润同比增长率(%)2012年	净利润同比增长率(%)2015.12.31	所属同花顺行业
北京文化	145.31	20.36	209.82	−73.42	餐饮旅游—景点及旅游—旅游综合Ⅲ
海油工程	55.48	223.56	368.70	−20.08	采掘—采掘服务—油气钻采服务

表4—2所列之股票，在2012年到2014年连续三年都取得了高利润增长率，可以说是高成长股票的代表。但在2015年就突然间不成长了。盈利下跌引发市场预期的估值下跌，最终股价是双倍乘数地下跌，戴维斯双杀。

因为什么呢？我们要从背后本质的商业模式去思考。在现时资本过剩，投资机会不足的年代，一个好的商业机会会吸引大量的资本进入，从而导致过度的竞争，最终会降低企业的盈利。成长型企业暂时性处于一个好的行业或一个好的时期，但它的高利润不持久，很快就会导致大量的竞争资本的进入。我们无法预期，这个成长企业能否抵御新来的资本。历史表明往往是不能，这也是高成长预期的公司前几年还过得好好的，过了几年之后突然间就不再成长了。而我们却为此支付了透支未来20年的收益预期，还来不及盈利，便因成长公司不再成长导致的估值下降，而股价大跌或长年滞涨。

高成长不是一种稳定的态势，它们的未来有太多的不确定性。

我们假设“成长型公司”与“价值型公司”的盈利模型如表4—3所示。

表 4—3　　　　成长型公司和价值型公司的盈利模型

成长型公司					
	第 1 年	第 2 年	第 3 年	第 4 年	第 5 年
盈利(亿元)	10	13	17	22	26
增长率		30%	30%	30%	20%
估值 PE 倍	30	30	30	20	20
市值	300	390	507	439	527
	第 6 年	第 7 年	第 8 年	第 9 年	第 10 年
盈利(亿元)	32	38	42	46	51
增长率	20%	20%	10%	10%	10%
估值 PE 倍	20	10	10	10	10
市值	633	380	418	459	505
年均收益率					5.96%

价值型公司					
	第 1 年	第 2 年	第 3 年	第 4 年	第 5 年
盈利(亿元)	10	11	12	13	15
增长率		10%	10%	10%	10%
估值 PE 倍	10	10	10	10	10
市值	100	110	121	133	146
	第 6 年	第 7 年	第 8 年	第 9 年	第 10 年
盈利(亿元)	16	18	19	21	24
增长率	10%	10%	10%	10%	10%
估值 PE 倍	10	10	10	10	10
市值	161	177	195	214	236
年均收益率					10.00%

从简单的数理模式很容易预测出，价值型公司的预期收益率要高于成长型公司。

在现实的商业世界中，成长型企业要长年保持高增长是非常困难的。因为当一个企业越长越大，过去的那种高增长的态势将难以为继。而市场却常常为高增长给予了过于乐观的估计，那么一旦大量竞争资本进入，一旦高增长不可持续，市场是翻脸不认人的，估值来一个 360 度的大反转是常有的事。尽管这家成长型的企业业绩的确不错，赚了很多利润。但对于投资者来说却未必能赚到大钱，股价的增长无法跟上企业利润的增长，是因为此时从高估值的价格跌到低估值，抵消了企业利润的增长。要知道企业利润增长是来之不易的，但估值的下降却轻易抵消了利润的增长，那是何等可惜、何等痛苦的事情。

而价值型企业已经在竞争激烈的市场站稳了根基，虽然行业没有暴利，但同时不会引起外部资本大量流入，行业竞争已经很充分了，价值型企业已经取得了成功，只要领导人不干傻事，未来的利润是稳定的，可以预期的。市场不会给予这种企业太高的估值，因为它没有故事可讲，没有高的预期增长，就是这样稳稳定定的，就像 50 年不变的老头子。虽然上述模型只计算出预期收益为 10%，但实际收益却常常远超 10% 。为什么呢？因为这样的企业已经进入一种稳定的态势，不需要再进行大量的资本投入，长年产生的利润可以大量分派给股东。股东拿到这些分红，可进行内部再投资。这也是前面讲到的“内部的复利空间”。我们也可以用分红购买别的股东的股份。而这些股价长期估值不高，我们总是能买到便宜货。还有很重要的一点，任何行业任何市场，总会有牛市的一天，总会有景气时期的来临。价值型企业起点低、预期低，那些假如未来我们有一点点的好运气，等来了行业的景气周期，那么市场的乐观情绪会给予这个老头子新的活力，给它更高的估值。

表 4—4　　　　价值型公司 10 年复合收益

价值型公司					
	第 1 年	第 2 年	第 3 年	第 4 年	第 5 年
每股盈利	1.00	1.10	1.21	1.33	1.46
增长率	10%	10%	10%	10%	
估值 PE 倍	10	10	10	10	10
股价	10	11	12	13	15
持有股数（分红 30%再投资）	10 000	10 300	10 609	10 927	11 255
持股市值	100 000	113 300	128 369	145 442	164 786
	第 6 年	第 7 年	第 8 年	第 9 年	第 10 年
每股盈利	1.61	1.77	1.95	2.34	2.81
增长率	10%	10%	10%	20%	20%
估值 PE 倍	10	10	10	20	20
股价	16	18	19	47	56
持有股数（分红 30%再投资）	11 593	11 614	11 634	11 652	11 667
持股市值	186 702	205 755	226 714	544 951	654 780
年均收益率	23.22%				
年均收益率					23.22%

上面假设了这个价值型的老头子迎来了第二春，增长率从 10%稍微提升到 20%，而市场又给予了 20PE 的估值，那么它的年均收益率将达 23%。这是非常不错的收益率。

我们再看看巴菲特投资可口可乐这个著名的案例。我本人特别喜欢这个投资故事，因为这一个故事可以分为三段来讲。

第一段故事:1988 年巴菲特开始买入可口可乐,共计投资约 10 亿美元。10 年之后这笔投资升值到 133 亿美元,10 年收益 13 倍,年化收益 29%。而同时期可口可乐的利润增长率只有年均 14.7%。老巴取得 29% 的年复利收益,另外一半的贡献来自估值的提高。1988 年老巴买入可口可乐的时候,正值股市熊市,可口可乐的 PE 只有 15 倍。而到了 1998 年 7 月可口可乐股价曾高到 70 元,PE48 倍。盈利的上升加乘估值的上升,标准的戴维斯双击。这是股价增长远超企业利润增长的原因。这是第一段故事。

第二段故事:在 1998 年可口可乐高达 48 倍的 PE,巴菲特没有卖出可口可乐(当然可能是他已经成为大股东进入了董事会,珍惜声誉的老巴不会轻易卖掉),而在此后的 13 年中,可门可乐的股价没有再增长,尽管其间公司依然取得 10%以上的利润增长率,13 年间净利润增长了近 4 倍。由于它的估值从 1998 年过度的 48 倍下滑到 2011 年的 13 倍,估值下跌了 73%,正好抵消了盈利的增长。这被称为失去的 13 年。

第三段故事:经历了 13 年的估值下跌,在此特别强调,是估值下跌,股价没有下跌,当然也没有上升,是所谓的滞胀。这样不升不跌,滞涨了 13 年,依靠利润的增长,终于把之前高估值消化干净之后,股价再重回上升的轨道。

这三段故事,再结合上面讲述的道指百年历史,不知道你有何感想?无论个股还是大盘(大盘本来就由一个个的个股组成),过高的估值都会极大地损害未来的收益,即使这是一个伟大的公司。

真正好的投资,好公司只占 50%的比例,另外一半由好的股价决定。

看看你们的祖先——我，2005－2019 年所投资的经典案例。

表 4—5

时间	股票	投资原因	收益情况
2005 年	万科 A	经历五年多熊市，万科只有 10 倍 PE，民生银行只有 8 倍 PE。	2007 年卖出翻了 10 倍
	民生银行		
2008 年	阿里巴巴	2008 年金融海啸，阿里巴巴从 43 元跌至 7 元，蒙牛受三聚氰胺事件影响大跌 70%。	半年后卖出翻了 3 倍
	蒙牛股价		
2009 年	国美电器	创始人黄光裕被捕，股价从 5 元跌至 1 元，PE 大约在 10 倍。	2010 年以每股 3 元卖出
2010 年	保利地产	国内地产调控危机，PE 大约在 5 倍	2012 年卖出，获利 100%
2012 年	民生银行	银行债务危机，市场担心坏账爆发，PE 最低至 4 倍	2013 年卖出，获利 100%
2014 年	兴业银行	2009 年至 2014 年五年熊市 PE 低于 5 倍	2017 年卖出，获利 150%
	保利地产		
2017—2019 年	中国平安	未来五年预期增长 20%，投资时 PE 只有 8 倍	101.48%
	兴业银行	PE6 倍	39.53%
	招商银行 H	PE6 倍	149.20%
	中国恒大	PE6 倍	371.52%
	复星国际	PE10 倍	12.69%

在这短短十几年间，我的投资收益超过了百倍。这是戴维斯双击形成的投资收益效果。

股价＝每股盈利×市盈率

这是股票中最简单又最神奇的公式，相信我已经教了你们无数次。选择一个好的公司，保证了每股盈利能够稳定地持久地上升，创新高，这是保证股价上升的最基本动力。

但每股盈利上升是缓慢的，特别是一些稳定的公司，每年增长大约是10%～20%，不会特别的高。此时想获得超额的股价收益，让股价的收益率超越每股盈利的收益率，就必须依靠估值的上升，或是市盈率的上升。每股盈利上升10%，市盈率上升10%，而股价却上升了21%。每股盈利上升50%，市盈率上升50%，而股价却上升了125%。每股盈利上升100%，市盈率上升100%，而股价却上升了300% 。这就是戴维斯双击的基本原理。

这就很容易理解投资低估值的价值股的重要性。这是物极必反的哲学思想。尽管现在价值股增长不高，市场给予的估值不高，但物极必反，市场景气的时候，价值股也有可能变成成长股的时候，从而迎来了股价高增长的时期。市场乐观了，从低估值给了高估值，这样就完成了一次戴维斯双击。戴维斯双击是投资中非常重要的原理，一定要熟记于心。

你会发现我从来不会投资高估值的股票。相反当一个优秀公司出现某些危机，或者市场气氛悲观导致的熊市引发优秀公司估值低下，这时就是绝佳的投资时机。我投资的公司，首先是一个优秀公司。但由于某些原因，市场对它预期悲观，估值不高。只有现在估值不高，将来才有机会估值高。现在低，将来才有机会高。这是重要的哲学思维。未来永远是不确定的，也就是说，未来公司是否高成长性难以确定。但现在的低价却是确定的，是已经唾手可得。那些低价是确定的这点我们要先保证，先把它选择出来，能占的便宜先占了再说。未来是否有高成长，那是后话，那是市场的故事。这就是投资低估值的价值股最终收益常常高于高估值的成长股的原因。盈利的增长快慢固然重要，但估值的高低在一定的时间段内(一般是10年)的重要性会超过盈利增长的重要性。一个高的估值，盈利增长往往要花费10年到20年才能消化它。但市场永远不会有如此耐心，在此期间大概率股价是会下跌，至少是滞涨，直到盈利增长消化了高估值，这时候才会出现投资的良机。

从道家哲学思想来看，成长型投资是先甜后苦，开始的几年是甜的，却得到苦的结果；价值型投资是先苦后甜，低起点低预期，最后却得到甜的结果。先苦后甜永远要比先甜后苦让人欢喜，但人们常常却不自知，被眼前一时得失所迷惑。我无时无刻都要警示后人，要建立起百年的战略远见，当你用长远的眼光去看问题的时候，就会有完全不同的选择方式。如果纯粹从数学上去理解投资，那些投资做得最好的肯定是数学家。但事情没有这么简单，当然也没有那么复杂。投资是一种艺术的审视、一种战略的判断、一种哲学的思考、一种人性的把握，这是一门关于阴阳互转的学问。天之道，损有余而补不足。人道则损不足，奉有余。懂得规律，把握了人性，那些数学在投资中的分量，只要懂得简单的概率分析便已足够。

当然并不是说，选择最低PE的股票就可以了。低PE的先决前提是一家优秀的公司，公司优秀，PE才越低越好。东方哲学博大精深，如果采取中庸之道会比较好。这是一个优秀的公司，但PE并不算太低，还有很多垃圾公司的PE更低。但也不算贵，比起那些成长型的企业30倍的PE，10倍左右的优秀价值型公司是非常合适的选择。投资中的中庸之道就是一种平衡的状态。永远对市场不要太过于乐观，不会因为各种忽悠、各种前景远大而支付高估值的价格；同时，也永远不要对市场过于悲观，即使是垃圾也有它的价值，只要足够的便宜，垃圾也能变资源。无论现在市场多么的悲观，只要这个公司本质是优秀的，有好的品牌，有好的管理层，已经经历过市场激烈的竞争洗礼，待到市场景气的周期，总有牛市到来的一天。尽管道路曲折，但人类社会永远向前发展。

中庸是指保持一种不偏不倚的客观态度。这不仅是投资本身，甚至是我们整个生活、整个人生也要有这种哲学思维。我常常说，我们不仅在投资修行，同时也在修行自我的精神境界。投资做得好，必然精神境界高。投资这门学问，值得我们终其一生来学习。投资做好的，人的道德修养也上去了，财富也积累下来，事业也传承下去，一举几得。我们要把投资上升到哲学的层次来修行。

绝大多数人认为，投资中最困难的地方在于估值。如何去评估一个企业到底是低估还是高估。其实，估值是一种对比，而非一个绝对的数值。大家之所以觉得困难，总是在思维上追求一个精确的数字。难道一定要计算出 10PE 就是低估或是 1PB 是低估？这是极大的误区。

估值这个东西，个人的感情因素实在起到非常大的作用。我常常说的一个例子就是，一张画，有人愿意出价，就是价值上亿元的名画。没有人看，就是一张废纸。我们可以看看下面的画的估值。

这些画是如何估值的呢？我是完全看不懂。

股市上的估值是无法精确的，更多地在于对比。何谓学习成绩好？在一次考试中你只考了 80 分，分数不算高。但这次考试题目很难，这 80 分就是全班第一。如果考试题目很容易，你得了 90 分，但可能连前 10 名都进不了。

估值永远是一个动态的对比过程。

“山中无老虎，猴子称大王。”如果在目前利率水平只有 2％的情况下，那些股票的长期收益达到 10％以上就是非常

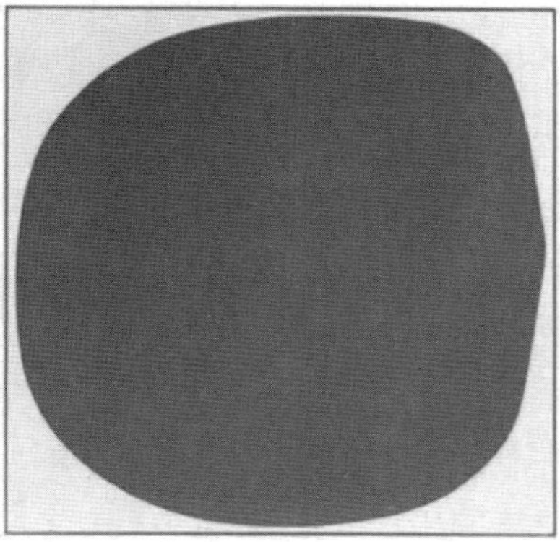

标题:Green White
作者:Ellsworth Kelly
成交价格:1 650 500 美元
成交年份:2008年

在11月的纽约苏富比拍卖会上,已故美国抽象艺术大师汤伯利的作品《黑板》创下了7 053万美元(4.49亿人民币)的天价。据说这画只用了几分钟便完成。

好的投资,达到15%甚至20%就是非常的低估。但假若能够找到其他收益比股票的投资收益更高的项目,那么股票就不再是低估。

我在8PE时投资中国平安,我认为是低估。市场未必是这样认为,否则便有大量资金买入。未来PE进一步下降,降到5PE也不一定,谁知道呢。但即使未来中国平安降低到5PE,对我有什么影响?8PE的投资对于未来收益已经足够锁定在15%左右,我已经对此收益非常满意,因此,8PE的中国平安对于我来说就是非常的合适,就是低估的。未来可能降低到5PE

或者回升到15PE，两者均有可能，我无法预测。我能够做的只是在目前的条件下，已经感觉对未来的收益预期非常的满意，愿意承受股价进一步下跌的风险来换取未来的收益权。假如未来某一天，全世界的股票都是5PE，唯独中国平安是8PE，那么它便从低估又变成了高估，因为我有更多其他便宜的品种可以选择了。中国平安什么都没有变，变的只是市场的标准，变的只是人们的内心。估值本身就是一个动态的对比过程。

巴菲特说，估值就是一门艺术，的确如此。一张画好不好看是无法量化的，我们无法规定，使用多少比例的直线，多少比例的曲线，多少比例的色彩，就是一张好画。只有适合自己的人生经历，引起自己的共鸣，你就会觉得这是好画。

好的股票价格，一方面取决于你是否有足够的选择权，可以选出你认为最低估值的股票。另一方面是取决于你是否愿意承担未来进一步下跌的风险，而换取未来的收益权。

第五圣道

永不负债，永不做空

以史为鉴，可以知兴衰

没有什么比为了赚一些原本不属于自己的钱而上杠杆这件事更愚蠢了

无论是杠杆做多（借钱买股票），还是杠杆做空（借股票卖股票），本质上都是负债。我是绝对的反对，所以标题就用了“永不”这样绝对的字眼。

我认为杠杆是绝对不能用的。

我们来看看一段历史，永远载入股市历史的1929年美国股市大崩盘。我从网上搜查了当年的事件，是这样描述的：

10月24日，这一天是股市灾难的开始，史上著名的“黑色星期四”。早晨刚刚开市，股价就如决堤之水轰然下泄，人们纷纷脱手股票，全天换手1 289.5万股。纽约数家主要银行迅速组成“救市基金”，纽约证券交易所总裁理查德·韦尼亲自购入股票，希望力挽狂澜，但大厦将倾，独木难支。

10月25日，胡佛总统发表文告说：“美国的基本企业，即商品的生产与分配，是立足于健全和繁荣的基础之上的。”他力图以此刺激新一轮投资。然而，过了一个周末，一切挽救股市的努力都白费了。

10月28日，史称“黑色星期一”。当天，《纽约时报》指数下跌49点，道·琼斯指数狂泻38.33点，日跌幅达13%，这一天，已经没有人再出面救市。

10月29日，最黑暗的一天到来了。早晨10点钟，纽约证券交易所刚刚开市，猛烈的抛单就铺天盖地席卷而来，人人都在不计价格地抛售，经纪人被团团围住，交易大厅一片混乱。道·琼斯指数一泻千里，至此，股价指数已从最高点386点跌至298点，跌幅达22%，《纽约时报》指数下跌41点。当天收市，股市创造了1 641万股成交的历史最高纪录。一名交易员将这一天形容为纽约交易所112年历史上“最糟糕的一天”。这就是史上最著名的“黑色星期二”。

11月，股市跌势不止，滑至198点，跌幅高达48%。

翌年，股市凭借残存的一丝牛气，在1～3月大幅反弹。并于4月重新登上297点。此后又急转直下，从1930年5月到1932年11月，股市连续出现了6次暴跌，道·琼斯指数跌至41点。与股灾前相比，美国钢铁公司的股价由每股262美元跌至21美元，通用汽车公司股价从92美元跌至7美元。

3年间，指数跌去了90%。在这场股灾中，数以千计的人跳楼自杀。欧文·费雪这位大经济学家几天之中损失了几百万美元，顷刻间倾家荡产，从此负债累累，直到1947年在穷困潦倒中去世。

我查询这段历史的时候注意到一个新闻，说的是在1929年10月24日股灾开始的这一天，一小时内有11名股民自杀。新闻上将这段历史渲染得十分惨烈，我特意查询了当时的指数情况。真实的情况是这样的。

表5—1　　道·琼斯指数1929年大崩盘开始的跌幅

日期	道指开盘	当天最高	当天最低	收盘	当天涨跌幅度
1929年10月24日	305.85	312.76	272.32	299.47	−2.09%
1929年10月28日	295.18	295.18	256.75	260.64	−11.70%
1929年10月29日	252.38	252.38	212.33	230.07	−8.84%

当时我就非常不解，1929年10月24日这天，整天股市不过是跌了2%，一小时内11个股民自杀，至于吗？然后继续深入搜查资料。这所谓的“一小时”，原来是指从当天最高点的312跌到当天最低的点位272，跌幅达到了13% 。我又在想，这也仅仅是一个从最高到最低的一个震荡幅度而已，最后收盘也没有跌多少，至于自杀吗？

再继续查。终于明白了，这些自杀的人是被波幅所消灭的。因为在当时，大量的股民使用了10倍的杠杆。当时美国资本市场很方便就能够融资10倍，你的资产达到一定规模，甚至还能够融资30倍到50倍。这批自杀的人，就是使用了高杠杆。如果你使用的杠杆达到10倍以上，那么出现一瞬间的暴跌10%，你还没有来得及反应或追加保证金，你就爆仓了，甚至还倒欠券商的钱。原来这些人的自杀，是由于用了高杠杆被波幅消灭而导致的，尽管最后收盘只跌了2%。

后面的事就更惨烈了。大批使用高杠杆的股民，在下跌的时候资产缩水，因而必须卖出股票来平仓。强制卖出的股票又导致股价进一步下跌，进而又使下面一大批接近平仓危险线的股民又接力要卖出股票，如此恶性循环。股市便如雪崩一般，3年之后的1932年7月，道指只剩下40点，整个指数跌去了近90% 。直到25年之后的1954年，道指才重新站稳在300点。

看完这段历史，我只有两个字：活该。看了这么多新闻的评论，从当时的历史和当年的经济去寻找各方面引发这次崩盘的原因，只有一个：一切都是由人性的贪婪所引发的。用了这么高的杠杆，赚了这么多钱，财富是怎么来的？是凭空产生的吗？就如我在“第二圣道”反复强调的，要看透事物的本质。财富的本质是社会的生产力及各种商品的总和，钱只是人类自己创造出来衡量这些商品的一个货币符号。社会上根本就没有这么多的商品，而整个社会却在猛加杠杆狂印钱，这些信用货币就是透支了未来几十年的生产力，怎么来的就怎么还回去，最终一切归零，用20年的发展再把这个泡沫给消化掉。这个本质跟高PE买入公司股票是一样的，公司也需要很多年的利润才能消化掉高PE的透支。

我们不能只看1929年之后的崩盘，还应该看1929年前几年的历史。1924 年道指从不足 100 点起步，到 1929 年最高 386 点，4 年多的时间涨了 4 倍，平均市盈率达到近 35 倍。4 年的牛市从此引发了人们的贪婪，银行券商为了赚钱，也不断鼓励股民上杠杆。

还是那句话，短暂的辉煌，给了人们永恒的假象。

人们总是愿意相信，美好的景象会一直持续下去。

但不管怎么样，跌了就跌了吧。虽然 3 年跌去了 90%，但 25 年之后道指再创新高。2019 年的道指，接近 3 万点。人类总是这样波浪式的前进，尽管其间经历了战争与危机。从百年的历史来看，股票本来就是一直处于牛市当中，那些经济危机回头一看，只是一个小小的波动而已。

但就是这个小波动，多少人为之家破人亡啊！

在中国 A 股，2008 年发生了金融海啸，股灾如期而至。2007 年 A 股平均市盈率达到了 70 倍，上百倍数百倍的比比皆是。所谓金融海啸，只不过是贪婪的投资者为自己失败的投机寻找一个借口而已。上证指数从 6 124 点一年之后跌到 1 664 点，跌幅 72% 。这次股灾我是全程参与其中，但也没有什么惨烈的感觉，一点都感觉不出来。虽然大家在网上还是骂天骂娘骂监管机构，但骂完之后，该工作的还是回去上班，工厂企业还是正常运转。感觉身边一切都很正常，没有引发社会的动荡，也没有造成像 1929 年美国那些失去的 20 年。当然一方面是因为政府主导的强有力的政策，但更重要的是，人们没有上杠杆。上证指数从 1 000 点上去 6 000 点，跌回来 1 600 点，这三四年间，其实指数还是上涨了 60%，只不过是空做的一场财富美梦，现在醒了而已。

2014—2015 年又一波小牛市。我之所以说是小牛市，因为上证指数只从 2 000 点涨到 5 178 点，远远不及 2007 年那个牛市。牛市过后必须是熊市，这是永恒的定律，怎么上来怎么下去。按理说，这个小牛市也就引发一个小熊市而已，但事实上这次熊市股灾杀伤力远远超过了 2008 年百年一遇的金融危机。

究其原因，还是因为杠杆。在 2010 年中国开通了融资融券的业务，从此，普通股民都可以用上杠杆。这个杠杆据说可以达到数倍，然后还有一些场外的配资达到 10 倍的，2014 年的牛市就是这样一个资金杠杆推动的牛市。然后又重复了 1929 年美国股市大崩盘的历史，股价下跌引发杠杆的强制平仓，强制平仓进一步引发股价的下跌，再引发更多的平仓，连锁雪崩反应。

上证指数从 5 178 点跌至 2 638 点，幸好有中国这样强有力的政府主导救市，运用大量的资金把股市的暴跌止住，跌幅也仅仅是 50%，否则这个连锁反应继续演变下去，说不定就重演 1929 年的美国事件，可能会失去二十年。

我身边就有这样的一位朋友，他经历了 2008 年的金融危机，市值也跌去了很多。但不影响他的生活及工作，因为他当时没有上杠杆，投资于股市的钱也是闲钱。大跌之后他就不管了，反而安心工作，继续打理他的小企业。他持有的股票公司的质量不错，只是买的价格高了一些，所以暂时透支了未来几年的盈利而已，套住了就耐心等待，就没有啥事了。到了 2014 年，7 年过后，他的股票再创新高了，本来这是好事，企业的盈利经过 7 年虽然是长了一点，但总算消化了之前 2007 年的高估值，财富再次踏上增长的正路。但这次由于有了融资这个工具，他也上杠杆了，上了两倍的杠杆，1 000 万元的资金买了 2 000 万元的股票。后来股市大跌，他几乎要平仓，只好不断从他的企业抽取资金来补仓。最后的结果是，企业办不下去，资金链断裂，股票又被逼平仓。

假如这位朋友不上杠杆，用投资的心态去买股票，股价跌与不跌，上市公司的价值永远都在，根本不必如此恐慌。

多少股民与我这位朋友一样，扛过了2007年百年一遇的金融海啸，百年一遇的危机都没有事，而最终死在自己的贪婪上。

扛得过百年一遇的危机，扛不过人性的贪婪！

大波动会消灭一切杠杆。

股票价格总体上是永远向上的，因为以企业为代表，人类永远在创造财富。但企业创造的财富，一年也就10%～20%，但股价的波动是远远超过利润的增长。股价可以一年涨几倍，也可以一年跌几倍。这要看人类有多疯狂及多愚蠢。

为什么要上杠杆？当然是为了赚钱，而且是赚快钱。这种看似快，实质上是慢。一旦上杠杆，就离死亡之路不远了。一切只是波动而已，财富不会凭空产生，怎么来的怎么去。使用10%的杠杆你会知足吗？相信我，绝对不会的。人性就是这样，杠杆让你品尝到快感，你已经染上的毒瘾，永远也去除不了。下次你会觉得10%的杠杆赚钱太慢了，很快就会20%、30%，甚至100%地往上加杠杆。同时，请相信我，在你一生的投资时间里，绝对会遇上几次大的股灾，遇上几次财富的大缩水。因为波动是永恒的，只要你在这个市场当中，就一定会遇上的。最终波动会消灭你所使用的杠杆，你所有的财富将会消失。而这一切愚蠢的后果，只是因为你想赚一点点快钱，赚一点点不属于你自己的钱，多么的愚蠢，要是我知道我会气得把你大骂一顿："这是数百年以来多少人用鲜血换来的教训，怎么你就是如此的愚蠢！"

数百年的投机史，给了我们深刻的教训。

1637 年荷兰郁金香危机

1593 年，荷兰商人格纳开始从土耳其进口首株郁金香，由于这种花是进口货，因此，拥有郁金香花便成为有钱人的符号。开始只有郁金香的行家才懂得欣赏郁金香之美，但在形成风潮后，投机客便趁机炒作，只要今天买了，明天就可赚一笔。买的人多了，交易市场也就形成了，交易场所也逐渐热闹起来。1634 年，买郁金香的热潮蔓延到中产阶级，更蔓延为全民运动，大家都来买卖郁金香了，炒家只看到买低卖高，利润就进来，于是全民都变成郁金香的炒家。1 000 美元一朵郁金香花根，不到一个月之后，它就变成两万美元了。到了 1636 年，郁金香在阿姆斯特丹及鹿特丹股市上市。这时，一朵郁金香花根售价相当于今天的 76 000 美元，比一部汽车还贵。这就是有名的郁金香花根泡沫。此时，荷兰政府开始采取刹车的行动，而由土耳其运来的郁金香也大量抵达，郁金香不再那么稀罕。于是，一瞬间郁金香的价格往下滑，6 个星期内竟然下跌了 90%，荷兰政府宣布这一事件为赌博事件，结束这一场疯狂的郁金香泡沫事件。这就是有记录的历史上第一次经济泡沫事件。

1720 年英国“南海泡沫”事件

“南海泡沫”事件（South Sea Bubble）是英国在 1720 年春天到秋天之间发生的一次经济泡沫。事件起因源于南海公司（South Sea Company），南海公司在 1711 年西班牙王位继承战争仍然进行时创立。它表面上是一间专营英国与南美洲等地贸易的特许公司，但实际上是一家协助政府融资的私人机构，分担政府因战争而欠下的债务。南海公司在夸大业务前景及舞弊的情况下被外界看好。到 1720 年，南海公司更透过贿赂政府，向国会推出以南海股票换取国债的计划，促使南海公司股票大受追捧，股价由原本 1720 年年初约 120 英镑急升至同年 7 月的 1 000 英镑以上，全民疯狂炒股。然而，市场上随即出现不少“泡沫公司”浑水摸鱼，试图趁南海股价上升的同时分一杯羹。为规管这些不法公司的出现，国会在 6 月通过《泡沫法案》，炒股热潮随之减退，并连带触发南海公司股价急挫，至 9 月暴跌回 190 英镑以下的水平，不少人血本无归，连著名物理学家牛顿爵士也蚀本离场。“南海泡沫”事件政府诚信破产，多名托利党官员因事件下台或问罪；相反，辉格党政治家罗伯特一沃波尔在事件中成功收拾混乱，协助向股民做出赔偿，使经济恢复正常，从而在 1721 年取得政府实权，并被后世形容为英国历史上的首位首相。此后，辉格党取代托利党，长年主导了英国的政局。

1837 年美国金融恐慌

19 世纪早期的美国联邦政府没有自己的中央银行，因此也没有发行纸币。第二合众国银行由国会在 1816 年授权建立，它创立了统一的国家货币，一度成为美国最大最好的钞票的发行者，创立了单一的汇率等。它实力强大，它的资本比美国政府的财政支出多出一倍，拥有全国 20%的货币流通量，在各州设立了 29 个分行，控制着各州的金融。考虑到许多州银行立法很仓促，经营不善，普遍资本金不足，监管不严，对未来过度乐观。第二合众国银行通过拒绝接受它认为经营不善的银行的票据来维护它自身的稳定。这削弱了公众对第二合众国银行的信心。1829 年，杰克逊当选为美国总统，他认为第二合众国银行的信贷问题影响了美国经济的发展。杰克逊决定关闭第二合众国银行。作为毁掉合众国银行的策略的一部分，杰克逊从该银行撤出了政府存款，转而存放在州立银行，没想到，危机竟然就此产生。因为增加了存款基础，不重视授信政策的州立银行可以发行更多的银行券,并以房地产作担保发放了更多的贷款,而房地产是所有投资中最缺乏流动性的一种。这样一来,最痛恨投机和纸币的杰克逊总统所实施的政策,意想不到地引发了美国首次由于纸币而引起的巨大投机泡沫。这场恐慌带来的经济萧条一直持续到 1843 年。恐慌的原因是多方面的:贵金属由联邦政府向州银行的转移,分散了储备,妨碍了集中管理;英国银行方面的压力;储备分散所导致的稳定美国经济机制的缺失;等等。

1907 年美国银行业危机

1907 年,美国银行业投机盛行,纽约一半左右的银行贷款都被高利息回报的信托投资公司作为抵押投在高风险的股市和债券上,整个金融市场陷入极度投机状态。当年 10 月,美国第三大信托公司尼克伯克信托公司(Knickerbocker Trust)大肆举债,在股市上收购联合铜业公司(United Copper)股票,但此举失利,引发了华尔街的大恐慌和关于尼克伯克即将破产的传言。导致该银行客户疯狂挤兑,并引发华尔街金融危机。银行要求收回贷款,股价一落千丈。时任摩根财团总裁的约翰·皮尔庞特·摩根联合其他银行共同出手,筹集流动资金,才使市场重归平静。很快,美国财政部长乔治·科特留宣布,政府动用 3 500 万美元资金参加救市。随后,市场恢复正常。此次救市导致了 1914 年美国联邦储备系统的诞生,金融体系的稳定性得以增强。

1929 年美国股市大崩盘

1929 年 10 月,美国纽约市场出现了抛售股票浪潮,股票价格大幅度下跌。到 10 月 24 日,举国上下谣言四起造成金融不稳,被吓坏了的投资者命令经纪人抛售股票,导致美国股市崩溃。10 月 29 日,纽约证券交易所里所有的人都陷入了抛售股票的漩涡之中。股指从之前的363最高点骤然下跌了平均40%。这是美国证券史上最黑暗的一天，是美国历史上影响最大、危害最深的经济事件，影响波及整个世界。此后，美国和全球进入了长达10年的经济大萧条时期。引发美国股市大崩盘的1929年9～10月，被后来者形容为“屠杀百万富翁的日子”，并且“把未来都吃掉了”。在危机发生后的4年内，美国国内生产总值下降了30%，投资减少了80%，1 500万人失业。

1987年席卷全球股市的黑色星期一

1987年10月19日星期一，美国股市出现惊人下跌并引发世界其他国家股票市场跟风下跌。道·琼斯工业股票平均指数骤跌508点，下跌幅度22%，一天内跌去的股票价值总额令人目瞪口呆——是1929年华尔街大崩盘时跌去价值总额的两倍。混乱中，价值超过6亿美元的股票被抛售。纽约股市的震荡也在东京和伦敦造成了混乱。伦敦的富时指数滑落250点，威胁到政府对英国石油股份公司的私有化进程。日经指数下跌202.32点，收于9 097.56点，跌幅为2.18%。很多人在股灾后感到奇怪，因当日根本没有任何不利股市的消息或新闻，因此，下跌看似并无实质性的原因，令当时很多人怀疑是羊群心理、市场失败或经济失衡引致股灾，至今仍在争论。

1994—1995年墨西哥金融危机

1994年12月19日深夜，墨西哥政府突然对外宣布，本国货币比索贬值15%。这一决定在市场上引起极大恐慌。外国投资者疯狂抛售比索，抢购美元，比索汇率急剧下跌。12月20日汇率从最初的3.47比索兑换1美元跌至3.925比索兑换1美元，狂跌13%，21日再跌15.3%。伴随比索贬值，外国投资者大量撤走资金，墨西哥外汇储备在20日至21日两天锐减近40亿美元。墨西哥整个金融市场一片混乱。从20日至22日，短短的3天时间，墨西哥比索兑换美元的汇价就暴跌了42.17%，这在现代金融史上是极其罕见的。墨西哥吸收的外资，有70%左右是投机性的短期证券投资。资本外流对于墨西哥股市如同釜底抽薪，墨西哥股市应声下跌。12月30日，墨西哥IPC指数跌6.26%。1995年1月10日更是狂跌11%。到3月3日，墨西哥股市IPC指数已跌至1 500点，比1994年金融危机前最高点2 881.17点已累计跌去了47.94%，股市下跌幅度超过了比索贬值的幅度。这场金融危机震撼全球，危害极大，影响深远。

1997年亚洲金融危机

1997年7月2日，泰国宣布放弃固定汇率制，实行浮动汇率制，引发一场遍及东南亚的金融风暴。当天，泰铢兑换美元的汇率下降了17%，外汇及其他金融市场一片混乱。在泰铢波动的影响下，菲律宾比索、印度尼西亚盾、马来西亚林吉特相继成为国际炒家的攻击对象。8月，马来西亚放弃保卫林吉特的努力。一向坚挺的新加坡元也受到冲击。印度尼西亚虽是受“传染”最晚的国家，但受到的冲击最为严重。10月下旬，国际炒家移师国际金融中心香港，矛头直指香港联系汇率制。中国台湾当局突然弃守新台币汇率，一天贬值3.46%，加大了对港元和香港股市的压力。10月23日，香港恒生指数大跌1 211.47点；28日，下跌1 621.80点，跌破9 000点大关。面对国际金融炒家的猛烈进攻，香港特区政府重申不会改变现行汇率制度，恒生指数上扬，再上万点大关。接着，11月中旬，东亚的韩国也爆发金融风暴，17日，韩元对美元的汇率跌至创纪录的1 008∶1。21日，韩国政府不得不向国际货币基金组织求援，暂时控制了危机。但到了12月13日，韩元对美元的汇率又降至1 737.60∶1。韩元危机也冲击了在韩国有大量投资的日本金融业。1997年下半年日本的一系列银行和证券公司相继破产。东南亚金融风暴演变为亚洲金融危机。东南亚金融危机使得与之关系密切的日本经济陷入困境。日元汇率从1997年6月底的115日元兑1美元跌至1998年4月初的133日元兑1美元；5—6月间，日元汇率一路下跌，一度接近150日元兑1美元的关口。随着日元的大幅贬值，国际金融形势更加不明朗，亚洲金融危机继续深化。这场危机一直持续到1999年才结束。

2007～2009年美国“次贷危机”

美国次贷危机又称次级房贷危机，也译为次债危机。它是指一场发生在美国，因次级抵押贷款机构破产、投资基金被迫关闭、股市剧烈震荡引起的金融风暴。美国“次贷危机”是从2006年(丙戌年)春季开始逐步显现的。在2006年之前的5年里，由于美国住房市场持续繁荣，加上前几年美国利率水平较低，美国的次级抵押贷款市场迅速发展。随着美国住房市场的降温尤其是短期利率的提高，次贷还款利率也大幅上升，购房者的还贷负担大为加重。同时，住房市场的持续降温也使购房者出售住房或者通过抵押住房再融资变得困难。这种局面直接导致大批次贷的借款人不能按期偿还贷款，银行收回房屋，却卖不到高价，大面积亏损，从而引发了次贷危机。2007年8月次贷危机席卷美国、欧盟和日本等世界主要金融市场。

2020年“新冠病毒”引发的金融危机

2020年初，一种被称是“新型冠状”病毒的全新未知的病毒在全球大流行。这种病毒传染性很强，一个受感染者可以短时间内传染给与他有接触的人群。因此，新冠病毒在全球迅速地造成了数百万人的感染，数十万人的死亡。面对突如其来的病毒，人类目前并没有有效的预防治疗药物，唯一有效的方法，就是互相隔离，减少与他人聚集接触。随着感染与死亡人数的直线上升，全球都陷入了一种恐慌的状态，人们都停下手上的工作，足不出户以减少感染的几率。因此，全球经济突然之间就陷入了停滞中，全球股市大跌。以美国道·琼斯工业平均指数为最具代表性，道指从疫情暴发前的 29 568 点，下跌至 18 213 点，一个月的时间暴跌 38%，指数跌回 5 年前的水平。短短一个月之内，触发了 4 次股市“熔断”。

美股熔断机制是在 1988 年开始实施的，起因是 1987 年 10 月 19 日发生的股灾。为了保护市场，根据美股熔断机制的规定，在美股交易时段，熔断机制可以分为三级，即市场下跌达到 7%、13%和 20%时分别触发一、二、三级熔断。熔断实质就是当股市下跌幅度过大，市场便启动熔断，暂停交易，让大家从恐慌情绪中冷静一下。

受新冠疫情和国际原油价格暴跌等因素的影响，2020 年 3 月 9 日美股遭遇“黑色星期一”，开盘即暴跌，标普 500 指数跌幅超 7%，触发一级熔断机制，暂停交易 15 分钟。这是美国历史上第 2 次熔断。

2020 年 3 月 12 日，美股触发历史上第三次熔断，当日开盘后，标普 500 指数跌幅扩大至 7%，美股暂停交易 15 分钟。

美国东部时间 3 月 16 日，美股开盘即暴跌，标普 500 指数即跌 7.47%，再次触发熔断，停盘 15 分钟。

3 月 18 日，美国股市直接开盘在 7%，开盘熔断，停盘 15 分钟。这是美国历史上第五次熔断。

美国股市历史一共只遭遇了 5 次熔断，而在 2020 年的疫情期间却发生了 4 次熔断。

还有各种中小危机，数不胜数。人类本性的贪婪与短视，必然会继续引发各种危机，这是不可避免的历史规律。

灾难以后，一切都会慢慢恢复的。但即使以后股价涨到100倍1 000倍10 000倍，都与你无关，因为也许你在中途已经被波动消灭了。只要一个小波动，就一切清零。我一直认为股价跌50%甚至90%也不奇怪，只要多读历史，你就会发现，股市跌90%也不过是人类历史上众多愚蠢的事件中的“沧海一粟”。而且这样的愚蠢事件是一定会再发生的。愚蠢的事件发生了也没有什么关系，人类会醒悟过来，会纠正，只是这个纠正需要多久的时间不敢保证。

比愚蠢更可怕的是，愚蠢的疯狂。

做空股票也是一样。做空一只股票，理论上这个股票破产了，你的收益是100%。但事实上一只股票跌破产一般是非常困难的，只要这个企业还正常经营。而理论上，它的股价可以是无限向上的，因为企业在不断地创造利润，只要它活的时间足够长，就可以创造无限多的利润。做空的利润有限，而亏损无限。而且，一般由于做空利润是有限的，一只股票跌50%已经算是很了不起，那么你也仅仅得到了50%的利润。做空一般会是多倍杠杆的做空，期望将利润放大。

做空当然是期望在短时间内股价大幅度下跌而获利。做空愚蠢之处在于，在有限的利润、有限的时间、有限的空间中对抗无限的亏损、无限的时间、无限的空间。做空是与事物最根本的法则对抗。而这个法则还有一层超级保护伞——人类的疯狂。你认为这个股价高估而做空，事实上你可能是正确的，但市场可以疯狂地再让它涨上几倍。

“有一个倒霉的投资者，做空了一只股票，然后，一夜之间，股价飙涨800% 。”

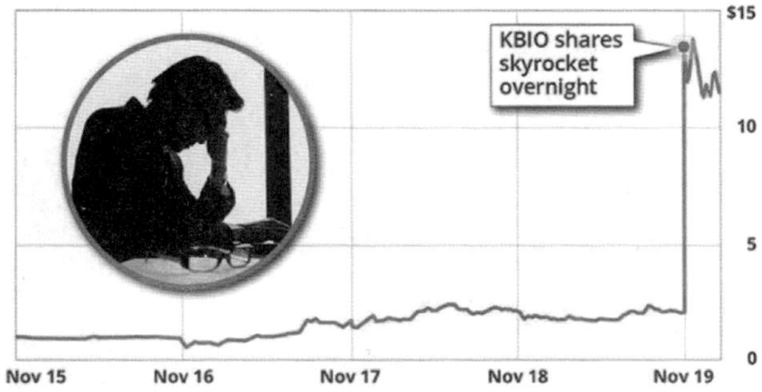

图 5—1 被做空的股票都暴涨

故事的主角名叫 Joe Campbell，星期三他下了做空医药公司 KaloBios Pharmaceuticals Inc.（KBIO）的单，星期三晚上，他的账户里有 37 000 美元，然后，一觉醒来，他就突然间负债 106 445.56 美元了。

一夜之间，KBIO 的股价飙涨 800%，被打得措手不及的 Campbell 只好到众筹网站上众筹还债。

他在 GoFundMe 上写道，"昨天我下了 KBIO 的空单，我觉得它的股价会下跌 2 美元，昨天收盘的时候我觉得股价的走势明朗了，今天不会有什么动作，于是今天我就到公司开了一个很长的会，散会以后我收到了一条朋友的信息，他问我还好吗，因为我做空了 KBIO 。"当然，他非常不好。

为什么会发生这种事呢？说白了就是一般人没有认识到股票投资的重要性。对于大多数人来说，股票就是一个玩玩或者赌博的工具而已。只要你从战略的高度认识到股票投资的重要性，这个愚蠢的行为根本不可能会发生。

我认为，如果看空，不买这只股票便是了，或拿着现金等待机会就是了。可以看空，可以等待，但不能做空。这是我对后代的严格要求，这点写在家族信托基金的执行准则当中，使用了杠杆或做空的家族成员，再无资格参与到基金的管理当中。

在上述，也仅仅是以数理的方式说明杠杆投资或做空的危害。但真正的危害在于，投资本质上是人性的修行，精神境界的修养。一旦当你有了贪念，就已经脱离了投资修行的正道，心一乱，投资不可能做得好。

一个事业能够传承百年千年，必然是最简单、最本质的东西，容不得半点杂质。

鞋子里面有一点沙子，走一小段路还能忍受，但走一天的路，你的脚会被这颗小沙子磨损。

当你们深刻地明白我这种万世传承的战略思维，就会明白，我对风险是极度地防范的。一个看似小概率的危险事件，在漫长的传承过程当中，会不断地被放大，这也是一种"危险的复利"。危机总有一天会来的，必然会来的。但我们只需紧紧地坚守最简单、最原始的法则，只投资于好的公司，只投资于便宜至少是合理的价格，不参与投机，可以让你买到更多便宜的好公司，危机总会过去的。

这就是所谓的蝴蝶效应。有一个故事很有趣。一个铁匠当天感冒了，没有把一个铁蹄做完整。这马装上了这个铁蹄跑着跑着一个铁钉掉出来了，然后这马给摔倒了。马上的将军给摔死了，这场战役就输了。这场战役输了之后引发整个战局的改变，这个国家最后灭亡了。

历史上很多这种"丢掉一个铁钉导致一个国家灭亡"的事件。一个当时很不起眼的事情，经过不断放大，最终改变了历史的进程。

所谓小概率事件，只要时间足够长，就必然会发生。在我们万世传承的过程之中，发生十几次百年一遇的金融危机，发生一两次千年一遇的金融末日，是绝对会遇上的事情。只是我不知道哪一代人会遇上，因此，在战略上首先要考虑到这些极小概率事件发生时造成的毁灭式打击。

被战争、被自然灾害消灭，这还能原谅，毕竟个人能力有限。而被杠杆投资这种贪婪的愚蠢方式自我毁灭，那是不可原谅的。

假如最后真的不幸被消灭，那就重拾心情，重新开始吧。人才是一切的根本，投资只是一个工具而已。投资的标的是投资于人本身，操作投资的也是人本身。只要人还在，只要家族精神还在，从开源节流做起，遵从投资圣道，再过 50 年，家族依然会崛起。

财富的本质是劳动力，每一个人都是财富的源泉，所以只要人还在，财富永远都在。而复利投资只是一个财富加速放大器。通过复利投资，可以将 50 年的年收入放大至 10 000 倍。

第六圣道

避重就轻，险地勿入

◆

假如我知道自己会死在那里，

那我就一辈子不去那里

投资股票的本质就是投资公司,在有好公司的前提下,等待好的价格买入,直到公司开始衰落,或价格严重透支未来,或找到了更高性价比的公司。这是前面章节讲述的内容。

那么,到底什么公司才是好公司?

股票的本质是公司,公司的本质是人才与资源的组合。一批精英人群把各种资源以某种形式组织起来,向消费者提供产品或服务,以获取利润。

所以,从本质上去衡量一个好的公司,就会变得很清楚。我们把关键点提取出来。

精英人群:考察这个公司的管理层,核心员工,研发团队。

各种资源:这个公司拥有什么样的资源。有资本还是很有技术?有销售网络还有是垄断关系?

某种形式:这个公司的生意模式是什么?核心竞争力是什么?这种模式与同行业的竞争对手相比是否有优势?它提供的产品或服务有何竞争力?

消费者:这个公司的市场在哪里?它的消费人群覆盖面有多广?是否足以支撑未来持久的发展?行业空间是否足够大?

人才、资源、模式和消费者四个方面综合而成,就决定了公司的最终利润。说得好不如做得好,有些领导很会演讲,经常接受新闻采访,理论说起来一套一套的,分析自己的企业前景也是头头是道,但这些都是一个主观的考察因素,最终还是要看利润。话讲得再好听,不如真金白银的利润。

这里说着说着又回到价值与成长之争论,即投资一个已经成功的公司还是投资一个可能成功的公司的争论。

我的结论是,投资一家已经成功的公司,并且会持续成功的公司，至少不会太快衰落，在衰落之前给予足够的时间与空间让我们撤离。

投资一家能够持续赚取利润的公司，这个关键点第一因素当然是赚取的利润越多越好，时间越久越好，这没有什么可以争议的。第二个关键点却往往被人们忽略，就是公司利润的增长不一定短时间反映在股价上面。因为股价的波动往往大于公司利润的增长。这几年公司的利润是增长了，再创新高了，但由于我们买进的时候往往是熊市，是市场悲观的时候，利润的增长不一定能够带动股价的上升，因为大势没有配合好。我们要等待大势的配合。这是需要时间的，多久我不知道，也没有人能够知道。根据以往经验，短则几个月，长则几年，甚至更长久。大势什么时候来，谁知道呢，但它一定会来，只是时间不确定。正因为长时间的不确定因素，所以要求公司的利润可以持续，持续到股价反映真实利润的价值，甚至股价高于价值。这个过程很可能是漫长的，我们要做好一切准备。

高成长的公司突然不成长了，开始的几年看似很美，实质上你很难在这种高成长的公司赚到钱。它突然不成长了，利润倒退，带来的后果是利润与股价双杀的下跌。下跌是容易的，上涨却是如此艰难。因为人类的本性是悲观大于乐观，这是长期在残酷的大自然中生存进化的结果，胆小怕死保证了人类能够活到今天。这种本性传导到股市上面，一旦公司预期不及，对股价带来的打击非常大，要想再重新上涨，需要的时间超越我们的忍耐能力。熊市是漫长的，牛市是短暂的。

一家公司虽然能够盈利，但它的盈利不是100%的分给投资者。目前上市公司能够给投资者分30%的利润已经不错，以后或许会渐渐再提高，但总的来说它肯定会留存一部分的利润。这部分利润我们作为投资者无法直接得到,它最终反映在股价上面。这个留存的利润,就变成这个公司的资产的一部分。

一家企业的市值是 1 000 亿元,它的净资产是 1 000 亿元,那么 PB 就是一倍,意思就是你花了同样的价格,买了同样的资产。一家企业的市值是 2 000 亿元,它的净资产是 1 000 亿元,那么 PB 就是两倍,意思就是你花了 2 元的价格买了 1 元的资产。

传统理论认为,PB 越低越好。假设这个企业净资产是 1 000 亿元,现在市场价值是 500 亿元,PB 就是 0.5 倍,我是花了 5 毛买了 1 元的资产,看上去交易非常的划算。从理论上讲,只要我把这个企业整个收购过来,然后把它清算出售,就可以获利 1 倍。这种方法被称为破产清算投资法。

在美国投资历史上这种方法曾经被大量运用。一些投资财团在市场上寻找市场价格大大低于净资产价格的企业收购,然后把这个企业一项项资产分拆卖掉而获取利润回报。最著名的例子就是巴菲特用这种方法买下伯克希尔纺织厂,而这个投资被巴菲特称为他本人这辈子最大的投资错误。当他想清算这个企业的时候,遇到各种的问题,法律纠纷,工人抗议,直到 1985 年随着纺织厂老员工的逐渐退休,巴菲特才逐渐关闭了最后的两家纺织厂,前后共计花费 20 年的时间。

这种 PB 投资法,理论上没有问题,但在实际操作中忽略了巨大的时间成本与各种隐性成本。清算一个企业是非常复杂的,往往几年也找不到合适的买家。净资产也仅仅是报表上一个数字,只有卖掉才是真实的价钱。干过企业的人最明白不过了,我的一个客户,花了 200 万元买了一套模具,企业报表上资产自然是记账 200 万元。到他的企业结束之时,这套模具只卖了几千元，就是废品的价格。费了九牛二虎之力，也找不到合适的买家。巴菲特说假如一开始他投资的是一家保险公司而不是纺织厂，他的财富会比现在多 1 000 亿美元。这却是老巴花了上千亿美元的代价才明白的事情。

付出这么沉重的代价，才让巴菲特说服自己从购买价格便宜的一般企业，进化到购买价格合理但优秀的企业，当然，芒格的作用很大。

作为个人投资者，采取 PB 投资法我们听到的理由经常是在 1 倍 PB 买入，即使企业倒闭清算，你分到的钱比你投资的还要多。但现实中这种方式极不靠谱，原因就是它有巨大的时间成本及隐性成本。个人投资者依靠企业倒闭清算而获利几乎没有可能，更加不可能成为一种可以持久重复的投资方式。

另外一种 PB 投资法的理论认为，现在以低于 1PB 的价格买入这家企业的净资产，将来这家企业恢复到 1PB 的时候，便可以获利。这种方法的关键之处在于难以准确计算一家企业的真实 PB，特别对于重资产的制造行业，折旧特别的大，可以说将它的真实 PB 再打一个五折也不算过分。

对于重金融的行业如银行，或拥有容易变现的资产的行业如地产，可以用 PB 法来选股。

现实中对 PB 投资法运用最多的应该是银行股，比如民生银行。

这是 2012 年时我买入民生银行股的一个帐户记录(图 6—1)。当时买入民生银行股的价格区间在 4～5 元，而民生银行当年的净资产为 5.7 元，买入 PB 为 0.7～0.8 倍。民生银行净资产当年增长了 20%，PB 估值从 0.8 倍上升到 1.7 倍。在这种双击之下，民生银行的股价上涨了 140%，股价从 5 元升到最高 12 元。

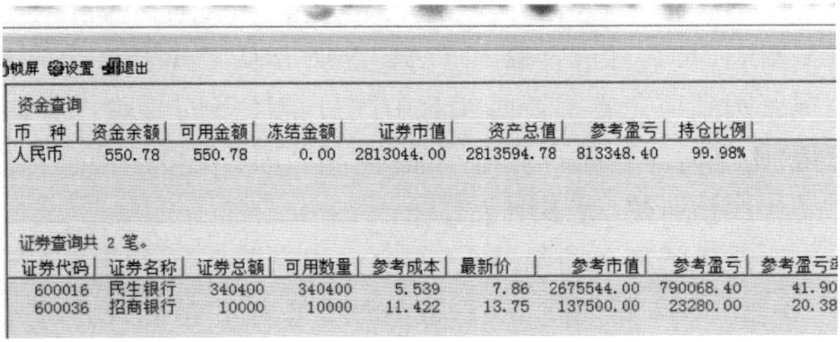

锁屏 设置 退出

资金查询

币种	资金余额	可用金额	冻结金额	证券市值	资产总值	参考盈亏	持仓比例
人民币	550.78	550.78	0.00	2813044.00	2813594.78	813348.40	99.98%

证券查询共 2 笔。

证券代码	证券名称	证券总额	可用数量	参考成本	最新价	参考市值	参考盈亏	参考盈亏
600016	民生银行	340400	340400	5.539	7.86	2675544.00	790068.40	41.90
600036	招商银行	10000	10000	11.422	13.75	137500.00	23280.00	20.38

图 6—1　以 PB 投资法买入民生银行

PB 估值投资方法最重要的一个要点就是，该企业的净资产必须真实可信，而且这些资产必须有足够的流动性、保值性。有些资产是随时间增加而增值，比如金融资产与地产，比较有独特品牌文化价值的如酒、收藏品。而更多的资产是随时间增加而贬值，而且贬值幅度之大令人吃惊，如我的那个客户，200 万元的资产最终变现几千元。

A 股资本市场上比较有名的一个例子就是獐子岛 10 亿元扇贝打水漂事件，可以作为一个警醒案例。

獐子岛集团股份有限公司是一家以海洋水产业为主，集海珍品育苗业、海水增养殖业、水产品加工业、国内外贸易、海上运输业于一体的综合性渔业企业。公司拥有全国最大的清洁海域，产品品系以喜贝（虾夷扇贝）、海参、鲍鱼、海胆、海螺等高档海珍品为主，獐子岛商标在国内水产品中率先成为“中国驰名商标”，并在美国、欧盟、澳大利亚、新西兰、中国台湾等 30 个国家和地区注册，公司主导产品目前已取得了“无公害食品”“AA 级绿色食品”等国内食品安全方面的三大主要认证，并被认定为“原产地标记产品”，“獐子岛”牌商标被认定为

“中国驰名商标”，公司的质量及食品安全管理体系顺利通过HACCP、BRC、有机食品和GAP等所有认证审核。公司代表国家圆满地完成了新西兰对中国贝类体系的检验任务，并摘得“中国海洋食品行业冠军品牌”和“2010年中国地理标志产品年度钻石奖”等多项荣誉。

这是獐子岛公司的简介，看上去的确是一个不错的公司。在2012—2014年期间，獐子岛在海里播种下大量扇贝，货值10亿元。预计3年之后收成。这是当时投资界对獐子岛的投资价值的分析。

2014年7月，中投证券发布题为《关注两个期限错配战略建仓机会来临》研报，预测2016年收获期利润达到7.1亿元。

表6—1　　　　中投证券关于獐子岛的研报

中投证券测算净利润(亿元)			
2013年实际	2014年预测	2015年预测	2016年预测
0.9954	1.42	4.615	7.1

类似的研究报告很多，其中主要的投资逻辑是：前期进行了大量的海产投入，这两三年开始进入收获期。3年后的利润有可能翻7～8倍，股价可以是一个10倍股。很多投资者依靠这个分析投资獐子岛，有些投资者还持有了数年的时间。

但在2014年10月獐子岛出了一个震惊市场的公告。公告称，今年9月15日至10月12日，獐子岛秋季底播虾夷扇贝存量抽测发现，部分海域的底播虾夷扇贝存货异常，公司于10月14日向交易所申请停牌，并邀请海洋科学家和会计师到现场进行系统调查。根据存量抽测结果，综合判定公司海洋牧场发生了自然灾害，灾害主要原因为北黄海冷水团低温及变温、北黄海冷水团和辽南沿岸流锋面影响、营养盐变化等综合因素。

随后，10 月 30 日晚，獐子岛公告称，决定对在 2011 年底播苗的，即将要采捕上市的 105.64 万亩海域、成本为 7.35 亿元底播虾夷扇贝存货放弃采捕，对 43.02 万亩海域、成本为 3.01 亿元底播虾夷扇贝存货计提跌价准备 2 .83 亿元，合计影响净利润 7.63 亿元。如此，2014 年前三季度獐子岛突然净亏 8.12 亿元，参见图 6—2。

科目\年度	2015	2014	2013	2012	2011	2010
基本每股收益(元)	-0.34	-1.67	0.14	0.15	0.71	0.93
净利润(万元)	-24,293.63	-118,932.75	9,694.28	10,567.93	49,797.63	42,275.11
净利润同比增长率(%)	79.57	-1,326.83	-8.27	-78.78	17.79	104.64
扣非净利润(万元)	-49,091.95	-20,920.06	6,980.18	12,928.76	55,706.77	39,676.12
营业总收入(万元)	272,678.02	266,221.15	262,085.78	260,828.41	293,741.07	225,904.67
营业总收入同比增长率(%)	2.43	1.58	0.48	-11.20	30.03	49.35
每股净资产(元)	1.25	1.59	3.39	3.57	3.82	3.73
股东权益合计(万元)	90,818.57	115,655.66	244,123.87	255,742.57	271,845.52	169,100.49

图 6—2　獐子岛 2014 年预亏公告

净资产从 2013 年 24 亿元到 2015 年底只剩下 9 亿元，就这样近 15 亿元资产不翼而飞。

投资者损失惨重，直到 2017 年獐子岛还没有走出亏损的阴云。利润亏损，净资产年年大幅下降。市场上质疑的声音不断，10 亿元的资产说没有就没有了。

假如说这是天灾，我们再说说人祸。

中国股市创业板造假第一案——万福生科。

万福生科本是一家业内寂寂无闻的稻米加工企业，坐落在湖南常德沅江边上。2011 年 9 月 27 日，它以每股 25 元的发行价成功登陆创业板，加上超募资金，共募集 4.25 亿元，曾被多家券商誉为“新兴行业中的优质企业”。

《南方周末》记者对万福生科进行长达3周的追踪调查后发现，在公告中轻描淡写的数据背后，是一连串令人触目惊心的造假骗局。

产品收入最高虚增100倍。

“万福生科收入造假集中在麦芽糊精、葡萄糖粉、麦芽糖浆等所谓稻米精深加工产品，以配合该公司在资本市场包装和炒作‘稻米精深加工和循环经济模式’。”

“参与假账的普通财务人员都非常害怕，迫于龚永福和财务总监的压力，也为了保住饭碗，无奈、违心地参加了这次财务做假。”一名参与造假的万福生科前财务员工程至平（化名）小心翼翼地对《南方周末》记者说。在准备出中报那段时间里，近20名财务人员每天都要在办公室和会议室里挑灯夜战。“天天编假资料、做假账，自己都弄迷糊了，连跟家人讲话的时候都分不清自己说的是假话还是真话。”（源头造假）

根据年报显示，万福生科的主要产品有：大米淀粉糖、大米蛋白粉（饲料级、食用级）、米糠油和食用米等系列产品。

“万福生科销售大米、麦芽糖等十几种产品，大多数产品的销售收入被随意编造，比真实收入虚增四五倍是平常事，有的产品根本没有销售也凭空虚造收入。”程至平说。

在万福生科十多种产品中，收入造假最离谱的是麦芽糊精。在公司中报中，该产品的销售收入达到1 124万元。但《南方周末》记者从多个渠道证实，万福生科今年没有销售过麦芽糊精。“这是无中生有，就算有销售过麦芽糊精，那也是年初把剩余的一点库存尾货清理卖掉，收入不超过10万元。”程至平说。

这意味着，麦芽糊精收入虚增超过100倍。

同样荒诞造假的是万福生科另一品种的淀粉糖产品——葡萄糖粉。半年报显示上半年葡萄糖粉卖了 1 400 万元人民币，但程至平透露说，葡萄糖粉今年销路不畅，营收大幅下滑，只卖了 40 多万元左右。而《南方周末》记者获得的一份查账工作底稿显示，葡萄糖粉收入的确切数字为 43 万元，虚增 30 多倍。

万福生科曾经高调宣称卖得最好的淀粉糖产品——麦芽糖浆，2012 年上半年销售高达 1.22 亿元人民币。而公司的更正公告称，麦芽糖浆的真实收入在 2 000 万元左右，万福生科在麦芽糖浆收入上虚增了 5 倍。

蛋白粉是万福生科另一项稻米精深加工产品，半年报显示该产品收入为 2 754 万元人民币。根据查账底稿显示，实际收入仅为 352 万元，虚增了将近 7 倍。

大米加工生意是龚永福和万福生科赖以起家的老本行。但其大米销售收入也存在严重造假行为。万福生科上半年的优质米销售收入为 5 112 万元，但根据其发布的中报更正数据，实际仅为 1 120 万元，虚增了将近 4 倍。

从万福生科发布的中报更正数据也可看出，此前造假的中报显示上半年营业收入为 2.7 亿元，更正后此项数据仅为 8 217 万元人民币，收入总额虚增 1.8 亿元。更令人吃惊的是，万福生科 2011 年下半年成功上市从股市圈走近 4.25 亿元资金，仅仅过了 9 个月业绩就“变脸”——亏损 1 117 万元。

上述产品的毛利率也严重造假。从万福生科中报更正数据可以看出，葡萄糖粉、麦芽糖浆、蛋白粉的实际毛利率为 5.75％、10.88％、14.07％，而此前造假中报的毛利率高达 22.08％、21.84％、25.99％。

“万福生科中报更正数据出来以后，内行看笑话，外行很失望。”常德粮食系统一位人士对《南方周末》记者说。该人士介绍，万福生科产品收入造假集中在麦芽糊精、葡萄糖粉、麦芽糖浆等所谓稻米精深加工产品，以配合该公司在资本市场包装和炒作“稻米精深加工和循环经济模式”等概念，“现在泡泡戳破了，还不知老龚如何收拾残局”。

开始就撒谎的万福生科，通过造假上市，并为日后一连串的弥天大谎埋下祸根。

那么说了这么多，到底要多少 PB 买进嘛？说来说去没有说到重点！

老实说，我本人不太看重 PB 本身。当然 PB 越低越好，买 0.5PB 表面上是赚了，花 1 元买 2 元的资产，似乎是一个好事情。原则上是好的，但要留意一些高资产假象造成的陷阱。

这是因为资产本身没有意义，能带来利润才是资产真正的意义。

假设一个企业的净资产有 10 亿元，但它现在市值是 100 亿元，也就是说它的 PB 是 10 倍。用 PB 的估值方法，无疑它是十分贵的。但如果它每年能产生 20 亿元的利润，那么我不介意购买这种 10 倍 PB 的企业。

假设一个企业的净资产有 100 亿元，但它现在市值是 50 亿元，也就是说它的 PB 是 0.5 倍。用 PB 的估值方法，无疑它是十分便宜的。但如果它每年亏损 20 亿元，那么这种企业送给我也不要！

我拥有一套 100 万元房子，每年为我创造租金收入，地段选得好，资源稀缺，这是一个升值资产。这个 100 万元才是我的净资产。

同样，拥有 100 万元的房子，租不出去，还交各种管理费，年年折旧又要花装修费翻新。这个100万元就是我的负资产。

显然，在我的财务报表上记账都是资产100万元，但效果截然不同！

买低PB的公司股票，花1元买2元的资产，这个原则性没有问题。但真正的投资逻辑应该是花1元买2元可增值的资产。

关键是看这个资产是增值的资产还是一个负资产，所以PB估值法投资只适用投资于长期升值的、资源稀缺、有效流动性的、真实易于估算的企业。

要避免对生产型、工业型、农业型、低流动性、无法有效估计的企业进行PB估值。

我投资复星国际时，采取的是PB估值法。当时建仓的成本在10港元，PB在1倍，我以1倍净资产购买的复星国际。复星国际是一家以保险为平台的投资公司，它的资产就是金融资产，流动性极高。而且这些金融资产的价值是随着时间推移而增长的，会持续地增值，是增值资产。

复星国际拥有众多没有上市的资产，它未来的战略计划便是大力推荐这些资产上市流通。

当这些资产实现全上市时，估值会使复星国际的净资产重估到20港元以上，其实我是用了1元的价格购买了未来价值2元的资产，而且我相信复星国际的投资团队是非常优秀的，还有品牌，还有各种资源网络，这些全白送了。所以说，复星国际这类投资型企业是很适合用于我上述所说的“长期升值的、资源稀缺、有效流动性的、真实易于估算”的这个原则。

看我全部的持仓股份：中国平安、兴业银行、招商银行、复星国际和恒大地产，都适用于PB估值。这些类型的行业PB

较为适用上面提到的原则。当然，PB 只是考察了其中的一个方面，估值应该是综合而成的，还要考察其他方面的因素。要全面看清楚一家企业，仅仅看 PB 远远不够。我们看看表 6—2 的公司 PB 情况。

表 6—2　　港股公司中的低 PB 概况

证券代码	证券简称	市净率 PB 倍
1393. HK	恒鼎实业	0. 0608
0307. HK	优派能源发展	0. 076
1838. HK	CHINAPROPERTIES	0. 0816
1218. HK	永义国际	0. 0947
0076. HK	南海石油	0. 0989
0162. HK	世纪金花	0. 1019
0092. HK	CHAMPION TECH	0. 1108
1174. HK	太平洋恩利	0. 1178
0326. HK	中国星集团	0. 1226
0397. HK	君阳金融	0. 1268
1073. HK	浩伦农科	0. 127
0129. HK	泛海集团	0. 1305
0174. HK	盛洋投资	0. 1357
0582. HK	蓝鼎国际	0. 1412
0682. HK	超大现代	0. 1417
2010. HK	瑞年国际	0. 1487
0571. HK	丰德丽控股	0. 1492
1189. HK	珀丽酒店	0. 151
0214. HK	汇汉控股	0. 1545

续表

证券代码	证券简称	市净率 PB 倍
0221. HK	易易壹金融	0.163
0986. HK.	中国环保能源	0.1648
0766. HK	中盈集团控股	0.1688
0404. HK	新昌集团控股	0.1693
0897. HK	位元堂	0.1724
0055. HK	中星集团控股	0.1732
0190. HK	香港建设(控股)	0.1837
0073. HK	亚洲果业	0.1841
0362. HK	中国天化工	0.1885
0087. HK	大古股份公司 B	0.1925
0498. HK	保华集团	0.1996
0672. HK	众安房产	0.2026
0539. HK	冠华国际控股	0.2029
1068. HK	百润食品	0.2074
1116. HK	MAYER HOLDINGS	0.2121
0355. HK	世纪城市国际	0.2125
2211. HK	大健康国际	0.2131
0191. HK	丽新国际	0.2148
0070. HK	海王集团	0.2151
1059. HK	看通集团	0.2155
0208. HK	保利达资产	0.2159
0089. HK	大生地产	0.2162
0617. HK	百利保控股	0.2186

续表

证券代码	证券简称	市净率 PB 倍
8080. HK	北亚策略	0. 2201
1155. HK	星辰通信	0. 2203
0959. HK	奥玛仕国际	0. 2232
0488. HK	丽新发展	0. 226
2307. HK	锦兴国际控股	0. 231
1247. HK	米格国际控股	0. 2348
1232. HK	金轮天地控股	0. 2358
1163. HK	德金资源	0. 2416
0262. HK	迪臣发展国际	0. 2418
0943. HK	意科控股	0. 2429
8120. HK	国农金融投资	0. 2454
1125. HK	丽丰控股	0. 2458
1190. HK	航标控股	0. 2468
1124. HK	沿海家园	0. 2469
0764. HK	永恒策略	0. 247
0878. HK	金朝阳集团	0. 2473
0555. HK	御泰中彩控股	0. 2478
0292. HK	泛海酒店	0. 2492
1678. HK	中创环球	0. 2498
0226. HK	力宝	0. 2506
0364. HK	坪山茶业	0. 2552
0871. HK	中国疏发环保	0. 2554
1225. HK	隆成金融	0. 261

续表

证券代码	证券简称	市净率 PB 倍
0432. HK	盈大地产	0. 262
0983. HK	瑞安建业	0. 2627
0216. HK	建业实业	0. 2676
8100. HK	智易控股	0. 2696
0608. HK	达利国际	0. 2697
0655. HK	香港华人有限公司	0. 2764
0170. HK	中国资本	0. 2785
0367. HK	庄士机构国际	0. 2788
8179. HK	新煮意控股	0. 2796
0754. HK	合生创展集团	0. 2829
0263. HK	高富集团控股	0. 2842
0369. HK	永泰地产	0. 2861
0903. HK.	冠捷科技	0. 2865
0913. HK	合一投资	0. 2874
0894. HK	万裕科技	0. 2879
0118. HK	大同机械	0. 2887
1222. HK.	WANG ON GROUP	0. 2892
1259. HK.	中国儿童护理	0. 2901
0910. HK	中国三迪	0. 2938
0197. HK	亨泰	0. 2942
0126. HK	佳宁娜	0. 2961
0091. HK	标准资源控股	0. 2964
0253. HK	顺豪控股	0. 2985

续表

证券代码	证券简称	市净率 PB 倍
2133. HK	中国多金属	0.3008
1327. HK	时间由你	0.3013
0224. HK	建生国际	0.3069
1064. HK	中华国际	0.3104
0137. HK	金辉集团	0.3116
0219. HK	顺豪物业	0.314
0272. HK	瑞安房地产	0.3162
0242. HK	信德集团	0.3176
0138. HK	中建富通	0.3195
0731. HK	森信纸业集团	0.3195
0210. HK.	达芙妮国际	0.3214
0372. HK	德祥企业	0.3226
0406. HK	有利集团	0.3233
0985. HK	网智金控	0.3233
0898. HK	万事昌国际	0.3242
0078. HK	REGALINT’L	0.3254
0743. HK	亚洲水泥(中国)	0.3277
8089. HK	华人策略控股	0.328
0428. HK	汇嘉中国	0.328

如果仅仅以 PB 为选股条件，可以在港股之中选择数百只超低 PB 的股票，理论上购买某些股票相当于花 1 元买 10 元的资产，表面上看非常的划算。但事实上，这种投资会带来非常可怕的后果。因为你作为一个小投资者，根本无法清

算这些资产。而这些企业毫无前景可言，年复一年的亏损、重组，坑害投资者。所以，并不说是 PB 越低越好，不能这样教条主义去理解 PB 估值方法。而是在这是一个优秀的公司与资产是增值资产的前提下，综合其他方面因素，PB 越低越好。

无论天灾还是人祸，说到底还是要选择优秀的企业，选择诚信的管理层。这些资产交给优秀的企业去经营管理，净资产日渐增长。增长了的资产来年又可以继续增创效益，如此形成复利效应。而平庸的企业随时间增长可能会出现亏损，净资产也会不断地流失。其实，无论何种估值方法，大前提还是必须在优秀的企业中进行选股。

上市公司的利润不是 100％分给我们，如果是 100％分给我们，那就没有后面的事情。我们可以把所分的利润，投资到其他企业或内部收购别人的份额，这样可以获取持续的复利。正因为上市公司留存了我们的利润，代表我们去投资，所以这就要求我们去考察公司本身是否存在行业的复利环境。

有些行业天生的就是难以持久的复利，因为它竞争激烈，从生产到产出实现利润的过程过于复杂，资源消耗巨大，利润都被消灭在这个冗长的产业链条当中。我们要寻找那些天生就具有复利基因的行业。

数以万计的公司，我大概将这些公司赚钱模式归类为三类：靠技术、靠资源、靠文化。

一是靠技术赚钱。技术型的企业，主要是指生产制造、研发型的行业。过去制造业是非常赚钱的一个行业，因为在中国过去那种物资短缺的特殊环境中，即使是低端制造也非常有市场。但这个环境已经改变了，低端制造已经开始向高端制造集中，以往生产一台空调是很简单的，我们称空调厂为螺丝刀工具。意思就是说，你只要有一个螺丝刀，然后把各种配件买齐，就能够组装出空调，可想而知这个行业门槛有多低。

而随着经济的发展，人们对产品的要求越来越高。企业也开始加大对产品的研发投入。以格力为代表的空调制造公司，大量投放资源到技术研发上面，把技术壁垒提高。其他同行想要继续生存，也被逼着将最大利润投放在研发上。要么跟进，要么被淘汰。很多没有跟上节奏的企业就死得很惨。

这样的行业，是非常有利于消费者的，消费者能够享受价格越来越便宜的产品，质量越来越好的产品，但对于投资者来说却是投资恶梦。

投资这种类型的企业，利润被上市公司留存起来，没有产生复利投资，而是大量地用于生产内部的消耗。或技术比拼，或价格竞争，这些都是在花费我们的利润。原本这些利润是可以投资在复利更高的地方，但我们没有主导权。因此，这种类型的企业我是坚决避开。这类上市企业将我们的利润转化为一堆堆将来会极大贬值的重资产，购买时 1 亿元，清算时不值 100 万元。一条条不知道什么时候才能够生产产品的生产线，即使生产出来也可能是恶性的价格竞争。一张张的研发账单，不知什么时候是尽头，不知道什么时候能够转化为生产竞争力。上市公司留存了我的利润，可能没有等待股价反映真实价值的那天，上市公司就把利润花光了。这就是我上述所说要避免工业型、农业型、低流动性、无法有效估计资产真实价值的企业。

二是靠资源赚钱。在中国有一句古话叫作“靠山吃山，靠海吃海”。资源类型的企业，比起技术型的企业，大大地减少了对利润的无效消耗，是一个具备复利基因的行业。比起技术型制造业提供具体的产品，资源类的企业是提供一种服务，这是一类躺着赚钱的企业。此树是我栽此路是我开，想要用我的服务就付钱。而这些服务，几乎每一个现代人都需要，行业前景非常广阔。这种类型的企业是我们今后投资的核心资产。

从我的持续投资纪录中可知，我大量的投资于金融类的企业，而其中又以保险业为重点。中国保险业，最出色的是中国平安。当然我不肯定几十年、几百年之后，中国平安还在不在，但保险这种生意模式，我相信会存在很久很久的。

保险的产品实质就是一种虚拟的产品服务，客户为自己的未来风险付钱，保险公司提供一纸承诺保障。保险公司不仅在保单上赚钱，还把客户的钱进行各种投资。用巴菲特的话来说，这是一种长期的还有利息可以收取的贷款。

我从2007年就开始关注保险业，并开始研究中国平安，直到2016年底才大量投资保险。我用足够长的时间考察了保险是一个前景广阔的行业，现代人都需要。而中国平安又用了足够长的时间证明自己的可持续成功。更重要的是，我耐心的等待一个足够便宜至少是合理的价格，无论我多看好一个行业中的一家公司，我始终要等待一个足够便宜的价格让我进入。这几点结合起来，导致了我2016年对中国平安的投资。

2007年的中国平安是高增长的，但同时估值高。在2016年之后，增长虽然减弱，但未来的预期更确定了。同时，无论从PE或是PB上都处于历史的低位。我认为这是足够好的理由让我进行投资。我始终坚守“好玉有价”这一圣道。等了10年才等待一个合适的买入机会，那些卖出的机会也要做好心理准备，不要轻易地卖出你捡到的宝贝。

用同样的方式就可以理解我为何投资复星国际，一家以

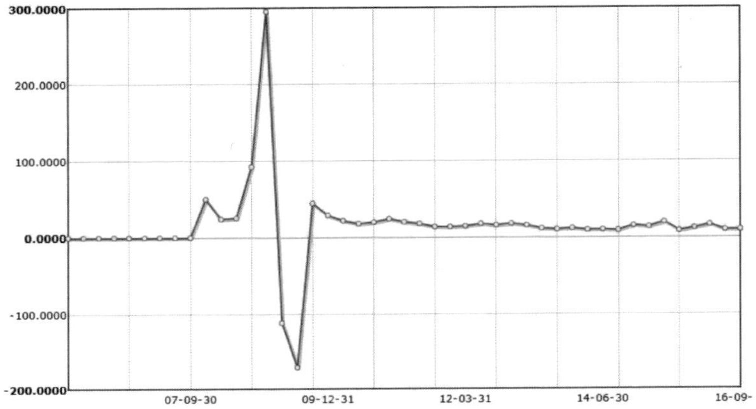

图 6—4　中国平安(601318)财务指标—市盈率

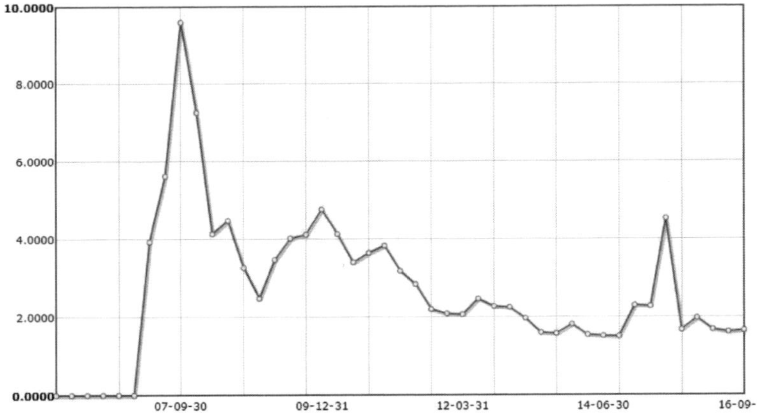

图 6—5　中国平安(601318)财务指标—市净率

保险资源为平台的投资公司。这家公司我同样也是关注了近10 年,也是在中国香港熊市中找到了买入的机会,以 1PB、10PE 的价格买入。

未来几百年，中国平安、复星国际也许已经不在了，但关键不是看我投资过什么，而是理解我如何投资。这种方法必须一直传承下去。

三是靠文化赚钱。因为各种历史原因，形成了这样一批特殊的靠文化就能赚钱的企业。这是生意模式最顶级的进化。一个不值钱的小石头卖个几万元钱。

钻石被誉为20世纪最精彩的营销骗局，它提供了现代营销史上教科书般的经典案例：商品服务消费者只是一种低端的理念，商品教育消费者才是最高的成就。

钻石营销的奥秘

钻石在被发现以后很长一段时间只是皇家和贵族炫耀财富的饰品，产地固定而且产量稀缺。19世纪后期发生改变，因为南非居然神奇地发现了一座钻石矿，产量有几千万克拉。

这一下不得了，那些投资钻石的商人彻底懵逼。如果这些钻石进入市场，钻石的价值将大打折扣。于是，一个叫罗兹的英国商人在1888年创建了大名鼎鼎的戴比尔斯公司，从此钻石营销拉开了它的世纪大幕。

戴比尔斯一咬牙买下了整个钻石矿，之后小心翼翼地控制钻石产出量，垄断了整个钻石的供货市场。最高时候戴比尔斯掌控着市场上90％的交易量。

如果买了钻石的人要出售掉，钻石的价格体系也会崩溃，所以要想稳定价格除了让别人买，还得不让他卖钻石。这怎么可能呢？可是神通广大的戴比尔斯就是做到了，这个超级难题的解决方案催生了这个世界最不要脸的组合，那就是把爱情同钻石紧紧结合在一起。

因为钻石＝美好＋永恒，而爱情＝美好＋永恒，所以，钻石＝爱情。

1938年以后，戴比尔斯的实际控制者奥本海默家族花费了巨额的广告费用，开始打造所谓的钻石文化。宣称坚硬的钻石象征的正是忠贞不渝的爱情，而只有钻石才是各地都接受的订婚礼物。通过各种铺天盖地的广告，强化钻石和美好爱情的联系。婚纱照上新娘身着美丽的婚纱，一脸幸福的微笑，手上的钻戒闪瞎大家的眼。

1950年，戴比尔斯提出了丧心病狂的广告语——ADIAMOND IS FOREVER（钻石恒久远，一颗永流传）。通过这个营销，戴尔比斯一石三鸟。

男人都认为只有更大更美的钻石才能表达最强烈的爱意，恋爱中的男人为了女人什么事都做得出来，买钻石比送命门槛低得多。

女人都认为钻石是求爱的必需，你连钻石都不舍得买，你还好意思说你爱我，你以为我看中的是钻石，我看中的是你舍不舍得！

钻石代表着永恒的爱情，拿来出售简直是对神圣爱情的最大亵渎。除非你跟前夫不共戴天，否则很少会卖掉他给你的钻戒，而且就算卖，也不会有人接手，因为那是你的爱情，而不是我的……

正是因为如此，尽管钻石不断开采，至今已经有五亿克拉，但在整体上还是供不应求，价格扶摇直上，因为只有戴比尔斯才可以卖钻石。你以为戴比尔斯的营销到这就算完成了吗？那这未免太小看它，戴比尔斯还可以根据市场形势改变营销策略，再通过营销反控市场。

20世纪80年代，苏联发现一座更大的钻石矿，大量碎钻供应于世面。戴比尔斯吓得尿了裤子，马上同苏联订立价格同盟。为了不让钻石掉身价，营销广告顺势转向，强调碎钻一样高贵，钻石虽小依然代表高贵的爱情。钻石的珍贵不是看大小，而是看做工和切面，于是又炮制了大量行业的标准，如今你去柜台上听服务员向你扔出什么净度4C等专业术语，跟睁眼说瞎话的售楼小姐没什么两样。随后，钻石也彻底征服了底层阶级，大的好的卖给富人，碎的小的卖给穷人。

你以为营销到这个高度就可以了吧，远没有。戴比尔斯已经把女人的心理研究到登峰造极的地步。比如，他们的研究显示，对于钻石这种奢侈的商品女人的心理是矛盾的。

一方面，她们对首饰有着天然的占有欲，另一方面又认为主动索取会带来良心的负罪感。戴比尔斯的广告在20世纪80年代又开始强调钻戒应该跟惊喜结合。一个男人默默买了钻戒，在一个精心安排的场合突然送出，这才能最大程度上化解女性的矛盾心理：一方面她们拥有钻戒带来的极度喜悦，一方面又保持了女人的纯真。

把女人研究成这样，实在是不服不行。连拥有戴比尔斯40％股权的奥本海默家族都不禁感慨“感谢上帝，创造了钻石，同时也创造了女人。”

多少年来，钻石已经逐渐绑架了消费它的人们。你以为女人看重的仅仅是钻石本身吗？错了，她们更看重的是，你宁愿花掉3个月的工资，差点年纪轻轻就过劳死而为她换来的爱情的象征。

如果你拿着本文去向你未婚的女友义正词严地指出，买钻戒是一件傻逼的事情，那么这种行为才是真的傻逼。因为你的女友只需要看着你的眼睛说一句话就让你哑口无言：“是的，这很傻，可是你就不能为我傻一次吗？”

把所有营销学的书籍看完都不如完全理解戴比尔斯钻石营销的案例带来的收获大。消费者是需要培养的吗？完全不是，消费者是需要教育的。

当把一种商品提升到文化乃至习俗的高度，你拥有的就是宗教般狂热和虔诚。然而，我们不知道的是，钻石除了表面的光鲜美好忠贞不渝，还有阴暗血腥的另一面。

钻石的血泪史

钻石给戴比尔斯带来了无尽的利益，却也给广袤的非洲大地带来了深重的苦难。这倒并非戴比尔斯公司的错，而是军阀因为争夺钻石的开采和控制权开启了惨绝人寰的内战。莱昂纳多主演的2005年的电影《血钻》就处于这样的背景下。

因为钻石发生内战的国家典型当属安哥拉和塞拉利昂。直到现在我仍清楚地记得高三时候看到关于塞拉利昂内战文章的午后，那种头皮发麻的惊悚和不适。

塞拉利昂盛产钻石，因为钻石背后的暴利，叛军首领福迪·桑科联合利比里亚军事强人查尔斯·泰勒建立革命联合阵线。桑科利用军队压迫人民攫取钻石，又靠出售钻石获得的资金购买军火供养军队。

为了打赢惨烈的内战，桑科组建了骇人听闻的娃娃军。将七八岁的孩子集合，让他们亲自肢解敌人，挖出他们的心脏，培养嗜血的狼性；对内亲手杀害自己的亲人泯灭天生的人性，更惊悚地是，向孩子的太阳穴注射可卡因等毒品进行精神控制。娃娃军中甚至有女童，白天持刀杀人，晚上沦为性奴。13岁的塞拉利昂少年伊斯梅尔· 比亚不幸加入娃娃军，沦为杀人机器，后来被解救后提笔写下了《长路漫漫》一书，记下了这一人类历史上惨绝人寰的战争。

塞拉利昂的内战从1991年开始，持续了整整11年，造成了5万人死亡，全国1/3的人口流离失所。其出产的钻石成为无数恩爱的情侣手指的订婚信物，却也沾满了非洲人民的鲜血。

吊诡的是，戴比尔斯也跳出来呼吁和平，在2001年签订《金伯利进程协议》，呼吁世界不要购买战乱国的钻石，买钻石只会让钻石的争夺更加惨烈。几个卖钻石的商人摇身一变居然操心起了世界和平。其背后的逻辑不言而喻，因为他们可以掌控消费者，却掌控不了军阀。倘若军阀大量出售钻石，也会让钻石市场失控，所以，封闭他们的出售渠道，钻石还是牢牢掌控在戴比尔斯的手里。

是的，这个世界就是这么荒诞。

钻石的唯一元素就是碳，是这个世界上最不缺的元素。人造金刚石与钻石也别无二致，如果想靠钻石保值无疑很难。二手的钻石没有任何市场，只能以低廉的价格回售给商家，可是这仍然阻挡不了被绑架的人对它疯狂的追捧。

2011年访华的南非副总统莫特兰蒂面对我国中央电视台记者采访时说了这么一段话："钻石只是人们虚荣心的产物，它只是碳而已，价格上涨并不是因为钻石会枯竭，而是人为造成的供不应求的局面。"

但我似乎能想象，当一个男人把关于钻石的种种都告诉自己的妻子时，他最可能遇到的情景就是妻子幽幽地说："所以呢，你觉得给我看了这个，钻石就不用买了，是吧？"

而男人一定会立刻摇头，斩钉截铁地说："哪能啊，买，当然要买，咱还得买个大的，我这就是跟你说说。"

你看，这个世界，就是这么荒谬。

不仅钻石，烟、酒、糖果、奢侈品等有很多历史原因造成了文化型消费。

最有名的当然数可口可乐。可口可乐已经与美国文化连成一体。

当时，可口可乐海外销售非常不理想。东方人没有喝可门可乐的习惯，不接受这种饮料。而欧洲传统列强也不接受这种廉价的平民饮料，只有德国等少数欧洲国家引进了可口可乐。美洲国家接受的也很少。1941 年 12 月，日本在珍珠港丢下炸弹，美军正式参战，这一事件改变了可口可乐的未来。未来的几年内，数以百万计的美国大兵会开往世界各大战场，更会有成千上万的人死去。这对于国家和家庭来说是悲剧，对时任可口可乐公司董事长罗伯特·伍德鲁夫来说，却是一个大机遇。

罗伯特·伍德鲁夫曾经上过军校。他认为，对于军人来说，战场上必须有兴奋神经的东西，以忍受战争的恐惧和折磨。传统的兴奋物是香烟和酒精！不过，战斗期间，军人肯定不能喝酒，那么可口可乐就可以成为酒精的有效替代物。

于是，罗伯特·伍德鲁夫果断向美国军方和国会游说，说明可口可乐对于军人的好处，这也是美国政府关心士兵的象征。

罗伯特·伍德鲁夫还绘声绘色地说：可口可乐是每个美国士兵在家乡常喝的饮料。能够在异国他乡甚至前线喝到可口可乐，对于提升士气非常有效。这也能让美国士兵知道，自己始终和家乡联系在一起！

美国军方高层和国会议员们被打动了，他们决定将可口可乐作为军队的标准补给。罗伯特·伍德鲁夫立即将消息通过媒体向美国民众公布，可口可乐顿时民声大振。

有意思的是，在美国军方同意可口可乐的计划，要求罗伯特·伍德鲁夫投资在美军远征的地区修建几十个工厂时，他却一口拒绝。

罗伯特·伍德鲁夫认为让公司投资这些工厂，是很危险的。在日军入侵的时候,可口可乐公司在菲律宾和关岛的两个工厂都被敌人占领,血本无归。罗伯特·伍德鲁夫表示,他可以协同修建工厂,必须美国军方出钱。美国军方高层非常恼怒,指责是他主动愿意提供可口可乐,军方才同意,现在怎么能出尔反尔。

精明的罗伯特·伍德鲁夫却不认账。此时美国军方已经骑虎难下,媒体已经知道他们为了士兵,会把美国最好的饮料送到战场。如果美国军方拒绝生产可口可乐,无异于告诉舆论自己为了钱不把自己的战士当回事。无奈之下,他们只能硬着头皮和罗伯特· 伍德鲁夫谈判。

最终,双方决定,所有工厂由美国军方投资,可口可乐公司不承担任何风险,稳赚不赔,还能借机将产品销售到全世界,省下了几千万美元的广告费。

不过,美国军方也要求,可口可乐公司务必派出精兵强将到这些工厂提供指导,而且必须将大量原浆运送到这些工厂灌装。同时,军方要求每罐可口可乐都要很便宜,不能超过5美分。

对此,罗伯特·伍德鲁夫倒是完全同意。

于是,美国军方从预算中拿出一大笔钱,支持可口可乐项目。

随后,军方就公开宣布:在世界的任何一个角落,凡是有美国部队驻扎的地方,务必使每一个战士都能以5美分喝到一瓶可口可乐。这一供应计划所需的一切费用和设备,国防部将予以全力支持。

随后,可口可乐公司利用军方的资金和场地,在全世界美军所到之处修建了多达64家工厂。可口可乐公司除了每天把大量原浆运送到这些工厂以外,还抽调了200多名技术骨干,分别到工厂指导工人灌装。

由于军方大力支持,从北非的沙漠,到瓜岛的丛林,从渺无人烟的大西洋,到人口稠密的巴黎,到处都有可口可乐。

大量的可口可乐,跟随罐头食品和各种蔬菜,送到前线。不过,在战斗的第一线,显然是无法供应可口可乐的,因为它是玻璃瓶,很容易破碎。可口可乐一般供应给从前线轮换到后方休息的部队。

美国军队的几百万士兵来自各个阶层,他们都非常喜爱可口可乐。根据战时纪律,军入不能在前线饮酒,但可口可乐就是最好的兴奋类饮料。

在沙漠中,水像油一样金贵。德国人连水都喝不上的时候,美国大兵却在喝可乐。这个行为极大地鼓舞了美军的士气,也让德军非常沮丧,他们见识到了美国工业力量的强大,居然能将汽水越过大西洋运到非洲。艾森豪威尔还做出特别批示,要求保证每个军人每半年至少 6 瓶的供应量。1943 年夏天,美国正式从诺曼底登陆。艾森豪威尔在要求提供弹药的同时,特别向美国陆军参谋长马歇尔要求:必须立即提供 300 万瓶可口可乐,以及保证登陆后每月可以提供 600 万瓶。

美国民间流传一个著名的段子:1945 年 6 月 19 日,艾森豪威尔从战场凯旋,美国人为他们的英雄举行了一次丰盛的午宴。在午宴之后,有人问艾森豪威尔将军是否还要点什么。

“给我来杯可口可乐好吗?”艾森豪威尔笑容满面地脱口道。侍者端来可乐,艾森豪威尔一饮而尽后,艾森豪威尔严肃地说“我还有一个要求。”侍者垂手恭听,结果传入耳朵的却是:“我还要一瓶可门可乐。”名将巴顿对可乐也很喜爱。当时他的装甲部队深入欧洲作战,对粗劣的野战口粮大为不满,也吃不惯法国等地的饮食。唯一让他们赶到欣慰的就是美国香烟和可口可乐。美国大兵们，甚至巴顿本人都说，只有香烟和可口可乐的味道没有变！巴顿将军要求他的军队打到哪里，灌装厂就建到哪里，他风趣地说：只要把可口可乐运到前线，敌人肯定不战自败。战后的1948年，美国政府对第二次世界大战退役军人的一份调查统计数据表明：63.37%的大兵在最喜欢的食物或者饮料中，选择了可口可乐！罗伯特·伍德鲁夫这一投机，被视为商业历史上最高明的商业投机。在第二次世界大战后，大量美军退伍回到国内，但可口可乐的工厂却没有拆除，仍然保留下来，成为该公司占领全世界的桥头堡。仅仅5年时间，可口可乐实现了别人25年才能达到的海外经营规模。从1941年到1945年，可口可乐销售总量为惊人的100亿瓶，其中大部分是1 200万美军消费的，公司销售收入高达5亿美元。

第二次世界大战成就了美国的崛起。第二次世界大战同时也成就了可口可乐。从此可口可乐与美国的胜利捆绑在一起。你说可口可乐有什么好喝的，我个人觉得就是甜，高热量、高糖分，不健康，还不解口渴，但它就是这样创造了销售的奇迹。

你会发现这些很有意思的东西。技术型的公司有利于大众消费者却不利于投资者。文化型的公司有利于投资者却不一定利于消费者。投资处处充满哲学的思辨。

类似由历史造就的公司有很多，贵州茅台、云南白药等，这些公司都有无可取代的历史地位。

靠文化赚钱，可以说是当今生意模式进化到最高阶段。当然凡事有好有坏，这些稀缺的品牌，人人都知道好，人人都争夺的时候，水涨船高，股价自然非常高。对此我们要有足够的耐心去等待。如同我等待了中国平安10年一样。好公司，还需要好价格。

以上举的种种例子只是为了方便大家阅读理解，只是一个具体的招式，一个“术”。招式是会变的，是会被破解的。关键是通过这个术的引导，让你懂得背后的道。重资产行业也有一天可能因为过度的激烈竞争，资本不愿意进入，剩下的技术型垄断公司就能够赚取丰厚的利润。现在大家都知道轻资产好，大家都大量去投资这些行业，为了阻断竞争对手，大量的资源投入，让轻资产变成了重资产。轻与重只是一种比较，矛盾可以转化，时势可以互换。今天的重可以变为明天的轻。变化是永恒不变的道理。

我今日所举的招式，我投资的保险公司，可能很快就会变成错误。现在很多资本进入保险行业，不久的将来保险业或许会恶性竞争而导致全行业的亏损。也许这个时间需要几年，甚至几十年，但都没有关系，这不是重点。我这个时代投资保险业，不代表我的后人也要跟随。思考投资的本质是关键。

“避重就轻”的本意是追求那些可以不断复利的资产，避开那些消耗利润的企业。企业的形式，或是行业的模式会随着时空不断地改变，但我们追求的投资本质不会变。时空不断在变化，“术”也要不停地变化。只有去除一切杂质的圣道，才能流传千古。

险地勿入的意思也非常简单，有危险的、看不懂的就不要投。不要追那些所谓亏损重组、破产重组、收购重组，不追一切题材。我们唯一的题材就是：低估买入好公司，耐心持有，高估卖出。这是我们永恒不变的题材。

你会发现，整个投资的范围其实非常的狭小。不用杠杆不做空，只用闲钱投资，这就意味着我们与市场上众多的交易工具 say bye bye 。我们只投资股票，而且只投资股票中的优秀公司，只在价格低估时才买入。这就意味着，所有看似将来会成功的公司不会进入我们的候选名单，因为我们只投资已经被证明成功的公司，不是将要成功的公司。成长股、消息股、热门股、题材股、收购重组股，通通淘汰。就像整个宇宙的温度是绝对零度到一亿亿亿度，但我们始终只生存在 20 度这个最舒适的区间，我们无须到那些环境险恶的地方冒险。这已经足够创造出如此辉煌的文明成果。

投资就是要避开危险，因为在传承几百年的投资中，任何一点的危险都是致命的。我们耐心地等待，等待一个绝佳的机会才出手，等待钱堆在墙角里，堆得满满的，我们才走过去轻轻松松地捡起来。

不仅投资要避开危险，我们的人生也要避开危险。我们要清楚认识到，我们作为一个普通人，一个脆弱的普通人，生命、健康极其容易受到不可逆转的伤害、衰老。所有有危害到生命安全的情况，我们提前要预判避开。赌博、吸毒、打架、醉酒、危险驾驶等都是危害健康的事情。生命只有一次，在长达几十年的人生中，危险却无处不在。人本身才是最根本的资源，才是投资的本源。连生命健康也保障不好，谈何投资之道。

说着投资，却扯上了人生。投资之道本来就是一种哲学。哲学的道理是相通的，无论对于我们的投资，还是生活，还是事业，还是人生的各个方面，都是一脉相承的。人生的成功是综合而成，投资之道只是我们众多思维的其中一种思维方式。

第七圣道

无视波动，价值前行

◆

股价波动的本质，是人性贪婪与恐惧的交织

股票的本质是公司。公司的本质是人才与资源的组织。投资股票就是投资人才与资源。这是前面所讲的圣道。

股票呈现给我们的视角，就是一个涨涨跌跌的股价。今天涨，明天跌，甚至可以连续阴跌10年20年。在这一涨一跌之中，多少人倾家荡产，家破人亡。这个股价的涨跌波动从何而来？

我对某一只股票的前景表示看好，便买入。而同一时期，市场上某个角落的人不看好，就会卖出。千千万万看好的人买进，千千万万不看好的人卖出。这千千万万的买进与卖出的资金博弈，最终达到一个平衡的状态。假如我们将市场上千千万万的交易行为看成一个人的行为，我们称它为“市场先生”。

市场先生的看好与看空，乐观与悲观，是由心理去主导。人们的心理变化看似复杂，实则非常的幼稚。一个小道消息，就可以影响市场先生的决策行为。市场上大量的人去研究市场先生的情绪，研究股价的涨跌，而不是去研究市场先生的高矮肥瘦，不去研究公司本身的经营质量。股价短期涨跌是无法预测的，即使是同一个人的情绪，短时间内也会极大地改变。今天他非常乐观不计成本买进这个股票，明天一遇到坏消息就再次不计成本卖出。同一个人的情绪波动如此之大，何况整个市场亿万大众的情绪总和，更无法预测。

一切的价格波动，在短期看来，就是心理的波动。但心理这个东西，我们不能忽视它。看看大众投资者就知道，七亏二平一盈，居然高达90%的人无法在一个长期上升的市场中赚钱，心理影响非常巨大。

股价下跌，心里不舒服，觉得自己亏损了。股价上升，又欣喜若狂。要跨出这个心理阴影，首先要明白在短期内的价格是由资金决定的。

有一个故事，如何快速成为亿万富翁。答曰，我有一块石头，你有一根木头，我把石头作价 1 亿元卖给你，你也把木头作价 1 亿元卖给我，这样互相交易之后，大家都拥有了价值 1 亿元的资产。

这个笑话却道出了短期内价格决定性的因素：人为的交易。我们看这个笑话中的那两个人是多么愚蠢，我们嘲笑他们在自欺欺人。但现实中，这种自欺欺人的真实情况，时时刻刻发生在我们身边甚至是自己身上。

我们的一个亲戚，她也不懂股票投资，老一辈的只会买商铺。对于老一辈的人来说，商铺投资也是一个不错的选择。这位亲戚也是久经商海，对商铺的考察有自己的一套，算是做得不错的那一类投资者，但在 2010 年她却犯了一个愚蠢的错误。那年她去考察了一个商铺，这个商铺开价 100 万元，但旁边不远处的商铺，只需要 70 万元。亲戚是知道行情的人，知道这个商铺明显要价过高，当时没有决定买就回去了。过了几天，她却马上回来把商铺买了。原因就是，她回去之后有几个人找上门，打听她准备买的商铺，然后“求“她以 120 万元的价格卖给他们。亲戚心理马上就把这个商铺的价值从原来的 70 万元上升到 120 万元。所以，她就觉得 100 万元非常值得，马上回去买下了这个商铺。价格是如何从 70 万元变成 120 万元的？道理与石头与木头的故事是一样的。70 万元是一个较为真实的价格，但当听到有人上门以 120 万元收购的时候，这个价格就改变成一个“心理价格”，它就是值 120 万元。亲戚买了商铺之后，那些以 120 万“求”购的人就再没有出现过了。现在我们看当然知道这是一个小把戏。

而股市上这种“心理价格”，比起亲戚买的商铺，更具有欺骗性。我们常常买入一只股票的理由就是“它可能上涨”，卖出一只股票的理由就是“它未来要下跌了”。我们在嘲笑那个交易石头与木头的人，嘲笑我的亲戚的愚蠢，而大众在股市上的表现和上述我们嘲笑的人没有任何的分别。

一只股票价值多少钱，其实要算出来不困难。毕竟它的净资产明摆着，每年能赚多少钱也是公布的。只要这是个稳定的好公司，未来是比较确定的。要算出一个公司的大概价值，只需要小学的数学常识就能够做到。一个公司股价价值10元是合理的，那么我们在股价10元左右甚至等待它更低的时候买进就是了，多么简单。但人们总是要没事找事，要干些复杂的事情才感觉到自己聪明、高人一等似的。这时市场上各种各样的消息出现了，各种预测，各种分析，这只股票将会涨到50元甚至100元。这些消息就相当于那些以120万元“求购”商铺的骗子一样，然后我们就把真实的价值10元这条底线给丢了，愿意付出一切的价格，高得离谱的价格，因为我们认为以后市场上会有人愿意付50元甚至100元购买我们手上的股票，我们手上的股票在我们心中已经价值100元了。但当你一旦以这样的理由买进股票，就会发现那些常常给你报价100元的市场先生再也没有出现过了。

相反，我们事前经过各种理性的分析，买入一只价值10元的股票，看好它的发展前景，信誓旦旦要陪伴这个公司共同发展成长。然后这个时候市场先生又出现了，告诉你这只股票出现问题了，你看，现在已经跌到9元，你已经损失了10%。大家都在卖出，将会跌到8元，你不跟随你就是愚蠢的，大家都这样做，你也应该这样做。等待跌到8元你再买回来，否则将损失20%。

这些情况，时时刻刻在上演，这种骗局已经成为股市的一种常态，而大众却不自知。

在现在这个信息爆炸的时代，我们随时打开手机，随便打开一个财经软件，都能够获得大量的信息。

就是这些信息，大量的充斥在各个版面。这些市场先生不断过来游说我们根据它提供的消息来买进或卖出股票。根本就没有提及股票本质背后那个公司到底值多少钱，盈利能力如何，生意模式如何，这些通通不研究，整天就是在研究有什么好消息，有没有大资金来炒作它。所以这也不难理解，为何 90％的人都无法在股市上赚钱。出发点已经错得离谱。

股价波动是极大的，因为人类本身就是一个心理不稳定的生物。可能极其乐观到盲目，也可能悲观到极点。这便引发了市场的大幅波动。

这是上证指数历年来的股指振幅（表 7—1）。整体股指振幅尚且如此巨大，具体到单只股票，那么它的波动更加剧烈。它可以在 1 年间升 1 倍或下跌 50％，这是完全常态的一个情况。这也是我在前面的投资圣道反复强调不能加杠杆投资的原因，只要时间足够长，波动最终会消灭一切的杠杆投资。你说，一只股票的价格 1 年内可以涨上几倍，它有什么不一样？公司还是原来那个公司，利润还是那么多的利润。然后又可以 1 年之内跌了 70％，而公司还是那样的正常经营，一切如常。作为一家公司，它的改变是缓慢的。网罗人才，组织资源，安排生产，进行销售，最后获得利润，这些经营活动是需要很长时间的。但股价却是剧烈地波动，变的是什么？一切都没有变，变的只是市场的气氛、人的情绪。

表 7—1　　1991—2016 年上证指数波幅

年份	振幅	年份	振幅
1991	147%	2004	35%
1992	388%	2005	26%
1993	103%	2006	132%
1994	87%	2007	134%
1995	62%	2008	73%
1996	134%	2009	30%
1997	69%	2010	33%
1998	31%	2011	24%
1999	61%	2012	26%
2000	56%	2013	60%
2001	35%	2014	72%
2002	25%	2015	25%
2003	25%	2016	7%

市场先生的情绪实在非常具有感染力，绝大多数人都被它所感染。老实说，对于我这个久经股海的人来说，有时也难免被它感染。比如说吧，我们作为一个价值型的投资者，要低估买进好公司，高估时卖出。当出现低估机会的时候，往往就是熊市，往往就是市场气氛悲观的时候。这种情况才能够大概率地出现低估的好股票。但这样就会出现一个问题，就是所谓的抄底被套。因为我们是在市场最悲观的情况下买入，而悲观就像一个传染病，会不断感染其他股民，心理承受不了的人会选择卖出。股价下跌又加强了这种悲观的气氛，又再

导致进一步的卖出。我们买入之后，很大概率股价会继续下跌的。在我的投资生涯中，这种一买就套住了，一买就浮亏了的情况实在稀松平常。这时我们心理就会有点不舒服，“早知道迟一点再买”“要不现在先卖出，等它再跌一些我们再买入”。我们又着了市场先生的道。悲观的情绪何时到底，何时才能止跌回升。相反，我们要在高估时候卖出，这个时候市场已经过于乐观，我们卖出之后，股价说不定继续往上涨。这种情况我也遇到过无数次。乐观之后可能是疯狂的乐观，高估之后可能是疯狂的高估。心里不舒服，觉得可能还能涨，“要不以更高的价格买回来”。

以上这些情况，怎么解决？无法解决。这是机会成本。你要买到低估的价格，就必须忍受它可能进一步的下跌。要高估卖出，也必须忍受它可能更疯狂的高估。

市场情绪不是我们考虑的指标，我们评判的唯一标准只有企业的价值。只要这个企业价值是真实的，未来的盈利是稳定的，我们买进的价格是低估的，那么其他的一切已经不重要了，不要为那些我们无法掌握的事情而白费心神。

心理不平衡本质上只是心理的贪婪。

我们只要确定我们买的时候确实是低估，卖的时候确实是高估，便已经足够了，已经可以富可敌国。要求更多，只是贪婪而已。只赚自己看得懂的钱，只赚合理范围内的钱，不是属于你的那部分，永远不要眼红。钱是永远赚不完的。

无欲则刚。

投资中的风险管理是非常重要的一个环节。而大众股民采取一种叫“止损”的风险管理方式。

收藏 | 988 | 319

止损（投资术语） 编辑

止损也叫"割肉"，是指当某一投资出现的亏损达到预定数额时，及时斩仓出局，以避免形成更大的亏损。其目的就在于投资失误时把损失限定在较小的范围内。股票投资与赌博的一个重要区别就在于前者可通过止损把损失限制在一定的范围之内，同时又能够最大限度地获取成功的报酬，换言之，止损使得以较小代价博取较大利益成为可能。股市中无数血的事实表明，一次意外的投资错误足以致命，但止损能帮助投资者化险为夷。

【先说止损点。比如，某只股票，你 10 元买的，买后下跌了，有三种方式设置止损点。第一，当股价跌幅达到一定比例时。比如，跌幅达到 10%或 15%即砍仓，比例大小需要根据市场状况及自身心理承受能力而定。第二，当股价跌破某一价位时，比如，该股跌破 8 元就止损出仓。第三种是时间止损。比如，当股票到达某个时间点时，无论价格在何处，都出仓（这是我从利益分析法中总结出来的一种止损方法，我常用此法，止盈点亦如此）。设置止损可以避免因为一次错误的投资决策而全军覆没。】

这段是我摘录了一位有一定知名度的投资者在网上发表的"止损感悟"。

我认为止损是世界上最愚蠢最不可思议的风险管理方式。我不知道这个东西是谁发明的，可以如此之流行，似乎只要做投资就一定要学会止损。

我做了一辈子的投资，还是没有办法去理解为什么要止损。一个好公司，股价 10 元值得买进，那么我在 10 元的时候建仓。当它跌到 8 元，传统的止损思想会认为这个风险太大，要止损卖出。这个止损逻辑我是永远无法理解的。为什么跌到 8 元要止损卖出？你怎么知道它要继续下跌？我们通过分析知道这个股票价值 10 元左右，那么跌到 8 元它的价值更加突出了,不是应该加仓吗?

止损其实就是被市场先生的情绪影响了。市场先生走来告诉你,股价已经跌到8元,还会继续下跌,大家都卖出,你也应该跟着卖出,否则就会显得你是一个孤独的傻瓜。

以8元卖出价值10元的股票,而且这个股票在可见的将来将增长至20元,世界上没有比这更愚蠢的事情了!

每个阳光私募基金募集说明书都有规定当基金亏损超过一定的比例时,该基金将会清盘。专业帮助别人理财的私募基金居然也有这种愚蠢的规定,这种基金的专业性何在呢?!

相反的还有一种情况叫止盈。止盈本质上与止损是一个模版。

无论止损还是止盈,它们的理论基础都是以股价的波动为向导,而忽略了公司的核心价值。

股价的波动对于优秀的公司来说是没有任何影响的,无论它的股价跌90%还是涨10倍,公司还是那个公司,它依然稳健正常地在从事经营活动,不断也赚取利润。

事情的波动永恒存在,因为这是由无数的其他因素碰撞博弈最终达到一个平衡。这些因素不断地改变,不断地引发波动。股价的波动也是如此,政策因素、市场因素、环境因素、经济因素、公司的因素、股民的因素、资金的因素,无数大大小小的因素博弈达到一个短暂的平衡。这个短暂的平衡很快就被打破再导向下一个新的平衡。

波动是正常现象,了解了它的本质就会发现,它不仅毫无危害性,反而是我们的好朋友。

我说波动没有危害性,是因为只要我们正确地投资,不用杠杆,坚持持有好的公司股票,股价波动不会损害你一分一毫。你持有的股票一股没有少,公司经营稳定,每年给你正常的分红,每股净资产每股盈利渐渐增长,股价怎么跌,对你有什么影响呢?我们不是被波动消灭,是被自我贪婪的心、恐惧的心消灭。

股价的下跌,不会造成真实的亏损。真实的亏损是这个股票背后所代表的公司,公司盈利的利润是否有损失,这才是真实的亏损。尽管有时候公司利润亏损,股价反而上涨,不要被股价蒙了眼以为赚了,实质上你正在亏损。

不要害怕波动,反而要让波动成为我们的朋友。波动让我们能够买到更便宜的股票。我们喜欢的餐厅降价了,喜欢的食品降价了,我们应该高兴,应该买进更多,而不是悲观失望。

传统的止损止盈都是以股市价格为导向,真正的止损止盈是以公司价值为导向。以公司价值为导向的止损止盈只有一个标准,就是这个公司是否变得不再优秀的,前景不再明朗,盈利不再稳定,股价是否过高,这才是以价值为导向的止损止盈。

波动有时非常剧烈,在一个特定的时期内可以远远高于或低于真实的价值。但从长期来看,价格始终围绕着价值进行上下波动。价值就像地球上的万有引力,无论你跳得多高,你始终被这个引力吸引回到地面上。

人类是永远向上发展的,优秀公司的利润会不断地创新高。只要价值这条主线一直向上发展,股价虽然反反复复地波动,但也只在价值范围内上下浮动。虽然有时候这个浮动的幅度很大,把我们吓坏了。但只要价值主线不变,一切波动不足为惧。永远要坚持公司价值在第一位,然后利用波动这位好朋友,在低估的时候买进,在高估的时候卖出。

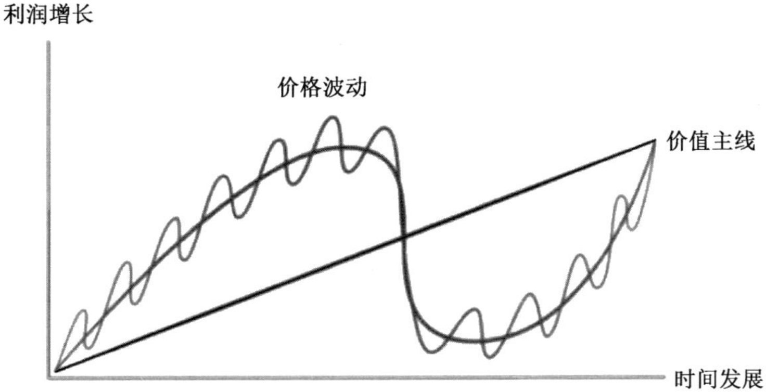

图 7—1　股价围绕价值波动

股价波动本身没有危害,只有用了杠杆或因股价波动带来了心理的混乱导致胡乱决策操作,这才会发生危害。天作孽尤可恕,自作孽不可活。

做价值投资,因为要追求低估买进和高估卖出,只有在市场过分悲观及乐观的情况下才会出现。也就意味着一买就套一卖就涨将会是价值投资者的常态,不可能出现精确的抄底逃顶。无论低估还是高估,它是一个模糊的区间,而不是一个精确的点位。巴菲特是我们这个时代的价值投资大师,在他几十年的投资生涯中,几乎没有抄中过底。巴菲特可以说是一买就套,而且多次他卖出之后股价继续上涨。尽管巴菲特没有赚尽每一次的交易,但这已经足以使他富可敌国。他认为,股价下跌只会带来更好的投资机会,只会最终增长他的财富,而非造成损失。价值投资不需要因为股价下跌而选择止损。

1956 年,巴菲特控股了登普斯特公司,登普斯特公司是一个农业器具和灌溉系统的生产商,巴菲特买入后采取了各种方法，但其利润仍然不佳，煎熬了 6 年，终于在 1962 年换了管理层，才有所起色，于是在 1963 年出售其所有股份，收益率约 185％。

在 1972 年的那次大熊市中，“漂亮 50”股票纷纷破灭，《华盛顿邮报》的股票也不例外，股价跌去 50％以上。巴菲特判断公司被大幅低估 50％以上。于是，1972 年 2 月，他在 27 美元的价位买入 18 600 股。不料到了 5 月，股价继续下跌，跌到 23 美元，他又买入 40 000 股。到了 9 月，股价已跌到 21 美元以下，他在 20.75 美元的价位再次买入 181 000 股，成为《华盛顿邮报》公众股的最大股东。但其股价还是跌势未尽，直到 1974 年末，巴菲特的投资总额由原先的 1 062 万美元缩水为 800 万美元。也就是说，巴菲特从 27 美元一直买到 20.75 美元，而且越买越多，最后的结果是被套了 3 年，且在 1974 年横盘了一年，在 1975 年底仍然亏损 6％ 。后来其股价最终得到了纠正，10 年后赚了 20 倍，15 年后赚了 35 倍。

1990 年，巴菲特买入富国银行，当年由于房地产的不景气，使得富国银行在不动产放贷业务上出现了 13 亿美元的账面损失，相当于每股净值 53 美元中的 25 美元。所谓账面损失，是表示银行必须从净值中计提这笔金额，作为应付将来损失发生的准备金。1991 年美国房地产市场泡沫破裂，而为了计提这些损失准备，富国银行几乎把 1991 年的盈余全部耗尽，导致当年的净利润只有区区的 2 100 万美元，约为每股收益 0.04 美元。由于富国银行在 1991 年没有赚到什么钱，市场对其股价反应强烈，股价从每股 86 美元下跌到 41.30 美元，跌幅达 52％左右。巴菲特两年没赚钱，但是，10 年后赚了 9 倍。

巴菲特在 2008 年的金融海啸中抄底，他当时发表了一篇文章呼吁人们买进股票。

《巴菲特:我正在买入美国股票》(2008 年 10 月)

无论是在美国还是在世界其他地方,金融市场都陷入了混乱。金融危机已经渗透到总体经济中,现在这种渗透变为井喷式爆发。近期,失业率还将上升,商业活动将停滞不前,头条新闻继续是令人害怕的消息。

因此……我开始购买美国股票。我动用的是自己的私人账户,之前该账户除了美国政府的债券外没有任何资产。(之所以没有动用伯克希尔—哈撒韦的资产,是因为该公司的资产将全部投入慈善事业。)如果美国证券的价格继续保持吸引力,那么我的非伯克希尔净资产不久将全部是美国证券。为什么?

因为我奉行一条简单的信条:即他人贪婪时我恐惧,他人恐惧时我贪婪(Be fearful when others are greedy, and be greedy when others are fearful)。当然,在多数情况下恐惧会蔓延,即使是经验丰富的投资者也无法抗拒这种恐惧感。不过有点是肯定的,投资者应对竞争地位弱的、但杠杆过度的实体或企业保持警惕。但对于美国很多竞争力强的公司,没有必要担心其长期前景。这些公司的利润也会时好时坏,但多数大公司在 5 年、10 年、20 年后都将创下新的利润纪录。

我要澄清一点:我无法预计股市的短期变动,对于股票 1 个月或 1 年内的涨跌情况我不敢妄言。然而有个情况很可能会出现,在市场恢复信心或经济复苏前,股市会上涨而且可能是大涨。因此,如果你等到知更鸟叫时,反弹时机已经错过了。

先学点历史知识:大萧条时期,1932 年 7 月 8 日道·琼斯指数跌至历史最低点的 41 点，直到富兰克林·罗斯福在 1933 年 3 月上任前，经济状况依然持续恶化。不过当时股市却涨了 30%。再回到第二次世界大战的初期，美军在欧洲和太平洋战场的情况很糟，1942 年 4 月股市再次跌至谷底，这时离盟军扭转战局还很远。再比如，20 世纪 80 年代初，通货膨胀加剧、经济急速下滑，却是购买股票的最佳时机。总之，坏消息是投资者最好的朋友，你能以很低的代价赌美国的未来。

长期来看，股市将会好转。在 20 世纪美国经历两次世界大战和其他大规模的战争，经历过多次的衰退和金融危机，以及石油危机、流行疾病和总统因丑闻下台等事件，但道·琼斯却从 66 点涨到了 11 497 点。

也许你会认为，对一个投资者来说，在出现如此多机会的世纪里还亏钱是不可能的，但有些投资者确实亏了。这些倒霉蛋总是在感觉不错时买入股票，但在市场令他们恐惧时卖出。

今天拥有现金或现金等价物的人可能感觉不错，但他们错了。他们选择了一项可怕的长期资产，一种实际上没有付出任何代价但肯定会贬值的资产。事实上，美国政府实施的救市政策可能会导致通货膨胀，从而加速现金资产的贬值。

未来 10 年证券的价值肯定会高于现金，而且是高出很多。那些坚持持有现金瞄准其他投资领域的投资者，正在等待好消息，但他们忘了 Wayne Gretzky（冰球明星）的一句忠告：我总是滑向冰球运动的方向，而不是等冰球滑走再追。

我不喜欢对股市进行猜测，我再次强调我对股市的短期行情没有任何了解。尽管如此，我还是推崇在空荡荡的银行大厦开餐馆的人，并建议：用你的嘴巴告诉自己钱在哪？现在我的钱和我的嘴巴都告诉我是股票。

但当时的金融危机还没有见底，巴菲特在2008年的众多抄底行动，是一买就套。巴菲特被套之后，还有人专门发表文章嘲笑他。

《巴菲特被套说明了什么?》

我在上周写的专栏文章中，对奥巴马当选后的美国股市进行了分析，认为“美国股市的不确定性风险会持续存在，投资者的不安感会持续存在”。事实上，美国股市一直处于弱势震荡状态。由于公司盈利预期黯淡和美国财政部调整救市计划，美国的投资者信心再次遭受重创，纽约股市11月12日全线暴跌，标准普尔指数当天还创出今年次低收盘纪录。

作为拉动美国经济的主要动力，个人消费在美国经济中所占的比重超过三分之二，但现在，美国消费萎缩速度惊人。美国的救市方向不得不进行调整。美国财政部长保尔森明确表示，在目前的状况下，政府将停止收购银行业的不良资产，救援将向包括教育、住房等非银行的消费金融领域倾斜。保尔森讲话之后，高盛、摩根士丹利等金融类股票跳水。“股神”巴菲特在100美元之上购买的高盛集团股票如今已经跌至70美元之下。

巴菲特被套是必然的。

其实，在巴菲特决定购买高盛集团股票之时，就有许多市场投资人士分析，此次投资将被套。虽然，从长期来看，巴菲特的投资决策仍可能获得收益，但面对美国股市的不确定性风险，他也许开始需要重新反思自己的这次投资决策。

巴菲特以实际行动告诉美国的投资者，在金融危机期间，尤其是在金融危机发生过程中，尚不知道何时终结的时候，最好的选择应该是空仓观望，静等事态的变化。空仓是投资的最高境界。事实上，在金融危机进行过程中，投资者应该收缩战线，收缩投资规模，以规避风险和保本为目标，等到金融危机处于收尾阶段的时候再出手不迟。当然，巴菲特的投资亦有高明之处，他在次贷危机期间的投资选择，规模是受到严格控制的。这将能够使他的被套损失被限制在一定范围内。

我要说的是，如果像巴菲特这样的投资大师，都不能避免被套之苦，那么面对金融危机发展过程中的种种不确定性风险，国内的投资者更应该以规避风险为首要选择，然后才是投资，在大规模救市的利好消息逐渐释放后，尤应如此。

中国4万亿元刺激经济计划，带来了一波强劲的反弹行情。根据该计划对经济的影响情况，我把水泥等几项投资热点排列了出来，认为基本建设规模的扩大，将使这些板块深深受益。这也是近段我写的为数不多的有关股市趋势的具体分析。事实上，及时抓住机会的投资者已经获利丰厚。比如水泥板块，相关个股的反弹幅度基本上都已经超过50%。

但同时，我们也应该认识到投资风险的存在。目前，世界许多国家都在出台大规模的救市计划，相关措施在刺激发展经济的同时，也在埋下通货膨胀的隐患。这与资金来源有关。各国救市的资金来源（尤其是财政赤字的国家），无非三个途径：

其一，靠发行货币，这将加大通货膨胀压力。以美国为例，其人均存款量接近零，政府救市加印美钞几乎是必然的选择。

其二，发行债券（主要是国债）。比如，倘若美国通过发行国债救市，就会导致几个问题：一是增发国债将降低美国国债的信用评级，使已经持有美国国债的国家受损。二是与加印钞票一样，加大通货膨胀压力。三是发行国债可能使那些更需要资金的地方，因失血更受资金短缺的困扰。

其三，增加税费征收。在消费低迷、内需不振的情况下，增加税费收入，不仅可能加重企业的负担，加快企业的倒闭速度，也会严重削弱民众的购买力。

而且，由政府主导的救市，中间往往掺杂着腐败、低效率、损耗、重复建设等难以克服的弊端。美国救市过程中，被其媒体披露出来的相关金融机构的腐败问题，充分说明了这一点。在由严格制约机制约束的国家尚且如此，其他国家的情况可想而知。

因此，全球大规模刺激经济的措施，如果资金来源于发债和印钞，那么，不可避免地将导致新一轮的通货膨胀。在次债危机尚在释放破坏力的情况下，这种做法的潜在隐患非常之大。而且，政府主导的救市计划，尤其是投资计划，将使社会投资以更快的速度退出，因为它们根本无力和政府投资竞争。中国经济的问题在于其内耗性的问题（污染环境、消耗资源、产品附加值低，对外围经济波动的反映极其敏感，因此次债危机爆发后，中国实体经济的反应远远超过美国），必须从根源上解决，头痛医头，脚痛医脚，甚至头痛医脚、脚痛医头，往往欲速不达。

喧嚣的救市计划，对经济只能起到缓冲作用，不仅不能从根本上解决问题，还可能因此埋下更多隐患，遗留下更多后遗症。因此，在刺激经济发展的利好层出不穷的情况下，也应保持一份冷静。毕竟，应急的经济刺激计划，效果存在着诸多不确定性因素。等喧嚣过去，一切又会回归理性，规避风险这根弦千万不要放松。

(说明:这是 11 月 14 日上午给报纸写的专栏稿件,一般要等报纸刊发出来后,晚些贴出来。A 股连续几天走出与美国股市完全背离的行情,但这种背离不可能一直持续下去。11 月 14 日,美国股市再次下跌,作为世界资本市场的扛旗者,美国股市的不确定性将制约 A 股独立性趋势的延续。)

巴菲特 2008 年 100 美元投资高盛,股价跌至 70 美元便被批判被套。这个作者就是一个完全不懂股价波动的人,乱发表一通。这个评论完全就没有触及投资股票的本质。你们看到,这个作者写了一大堆理由,条条看似很有依据,但他对于股票投资如同一个傻瓜。这就是市场先生经常来吓唬我们的手段,用来影响我们的情绪言论。而这一长篇大论,除了看出作者对股票投资毫无了解之外,我没有看出有任何值得参考的地方。什么经济分析、宏观分析、环境分析,就是用来彰显自己的专业,卖弄学问吓唬菜鸟而已。其实股票投资非常简单,只要始终牢牢把握这是否一个好公司,买的时候这是否有好的价格,便知道未来 10 年是否能够在这股票上赚钱。

直到我写这段文字的时候,高盛股价已经涨到 252 美元,其间还有高额的利息收入。

我们要利用股价的波动,而非被它利用。不要被股价的波动牵着鼻子走,首先自身要正。不用杠杆只用可以长期等待的闲钱投资,那么波动这个魔鬼拿你没有办法。股价下跌如还有闲置资金可以继续加仓,没有资金了,好好地耐心等待,等待市场气氛回复,等待公司的盈利不断地创新高,最终企业盈利会超越股价的波动,从而推动股价的实质上涨。无视波动,依靠着价值而非价格,作为推动我们前进的动力。

第八圣道

合理分散，适度集中

◆

因为我们知道了有黑天鹅，防患就有必要了

在发现了澳大利亚的黑天鹅之前,17 世纪之前的欧洲人认为天鹅都是白色的。但随着第一只黑天鹅的出现,这个不可动摇的信念崩溃了。黑天鹅的存在寓意着不可预测的重大稀有事件,它在意料之外,却又改变着一切。人类总是过度相信经验,而不知道一只黑天鹅的出现就足以颠覆一切。

黑天鹅事件是一种小概率的意外事件,无法预测它何时发生。从大的方面来讲,黑天鹅事件有:恐怖活动、各国的战争、经济危机、交易所的数据错误、大规模的传染病,等等;从小的方面来讲,黑天鹅事件有:上市公司领导者的头脑发热犯傻,一个微不足道的小事件引发的消费者信任危机,被一个新生的行业、公司快速取代,甚至我们个人的投资账户被盗,等等。

无论是何种黑天鹅事件,都无法预测,也无法估计它造成的严重后果。有些事件看似很严重,大家都足够重视,结果什么问题都没有,如这几年来市场一直担忧中国的房价泡沫破灭,银行坏账过多引发银行倒闭。这个问题的严重性已经被社会各阶层所共识,中国政府也采取了很多政策去渐渐化解,当一个问题得到足够的重视的时候,这个问题就不是问题,因为人类总是能够非常聪明地解决各样的困难。其实当整个大环境,或一个行业,出现一个大问题的时候引发了市场的担忧,股价非常的便宜,这时候往往是投资的好时机。因为这些问题太具有共性了,大家都在想方设法地去解决,困难总有被解决之时,总有过去的一天,那么此时就能够获得非常好的回报。

反而最可怕、无法预见、无法评估后果的,是那些小事件引发的大危机。我曾经亲身见证了美国安然公司的倒闭。

安然公司曾经是世界上最大的能源、商品和服务公司之一，名列《财富》杂志“美国500强”的第七名。然而，2001年12月2日，安然公司突然向纽约破产法院申请破产保护。该案成为美国历史上企业第二大破产案。

安然公司成立于1985年，是由美国休斯敦天然气公司和北方内陆天然气公司合并而成。公司总部设在美国得克萨斯州的休斯敦，首任董事长兼首席执行官为肯尼斯·雷。他既是安然公司的主要创立者，也是安然公司创造神话并在后来导致危机的关键人物。安然公司在肯尼斯·雷的领导下，经历了四大步跨越，从名不见经传的一家普通天然气经销商，逐步发展成为世界上最大的天然气采购商和出售商、世界最大的电力交易商、世界领先的能源批发做市商、世界最大的电子商务交易平台，一步一个高潮，步步走向辉煌。

2001年年初，一家有着良好声誉的投资机构老板吉姆·切欧斯公开对安然的盈利模式表示了怀疑。他指出，虽然安然的业务看起来很辉煌，但实际上赚不到什么钱，也没有人能够说清安然是怎么赚钱的。据他分析，安然的盈利率在2000年为5%，到了2001年初就降到2%以下，对于投资者来说，投资回报率仅有7%左右。

切欧斯还注意到有些文件涉及了安然背后的合伙公司。这些公司和安然有着说不清的幕后交易，作为安然的首席执行官，斯基林一直在抛出手中的安然股票——而他不断宣称安然的股票会从当时的70美元左右升至126美元。按照美国法律规定，公司董事会成员如果没有离开董事会，就不能抛出手中持有的公司股票。也许正是这一点引发了人们对安然的怀疑，并开始真正追究安然的盈利情况和现金流向。到了2001年8月中旬，人们对于安然的疑问越来越多，并最终导致了股价下跌。2001 年 8 月 9 日，安然股价已经从年初的 80 美元左右跌到了 42 美元。

2001 年 10 月 16 日，安然发布 2001 年第三季财务报表，宣布公司亏损总计达到 6.18 亿美元，即每股亏损 1.11 美元。同时首次透露因财务总监安德鲁·法斯托与合伙公司经营不当，公司股东资产缩水 12 亿美元。

2001 年 10 月 22 日，美国证券交易委员会瞄上安然，要求公司自动提交某些交易的细节内容，并最终于 10 月 31 日开始对安然及其合伙公司进行正式调查。

2001 年 11 月 1 日，安然抵押了公司部分资产，获得 J.P 摩根和所罗门史密斯巴尼的 10 亿美元信贷额度担保，但美林和标普公司仍然再次调低了对安然的评级。

2001 年 11 月 8 日，安然被迫承认做了假账，虚报数字让人瞠目结舌：自 1997 年以来，安然虚报盈利共计近 6 亿美元。

2001 年 11 月 9 日，迪诺基公司宣布准备用 80 亿美元收购安然，并承担 130 亿美元的债务。当天午盘安然股价下挫 0.16 美元。

2001 年 11 月 28 日，标准普尔将安然债务评级调低至"垃圾债券"级。

2001 年 11 月 30 日，安然股价跌至 0. 26 美元，市值由峰值时的 800 亿美元跌至 2 亿美元。

2001 年 12 月 2 日，安然正式向破产法院申请破产保护，破产清单中所列资产高达 498 亿美元，当时成为美国历史上最大的破产企业。

当时我的感觉是，世界排名第七的企业，怎么说倒闭就倒闭。当时安然的资产高达 500 亿美元，年销售收入超过

1 000 亿美元，却因为财务造假虚增了 6 亿美元的利润而引发最终破产。我经常在想，对于这样一个巨型企业，6 亿美元造假根本就会不伤筋动骨。我不清楚当时具体的情况，也不知道当时管理层是怎么想的。我认为当时如果领导层能够很好地进行一次公关，最后就是公司罚款赔偿，相关管理人员辞职的辞职，法律起诉的起诉，安然绝不会说倒就倒。世界范围内上市公司财务造假的情况多如牛毛，但因一次财务造假便倒闭的却是鲜见，特别是如此大型的企业。从东窗事发，到企业申请破产，也仅仅一年不到的时间。

说到底，安然倒闭根本原因不是因为这 6 亿美元的财务造假，这 6 亿美元就算安然白白把钱扔到海里，对它也不是致命伤害。而是由于造假引发了信任危机，信誉一失，银行方面马上第一时间要求企业还贷以保证自己的资金安全。资金链一断，运营的开支，供应商的货款，工人的工资就出现问题。客户也不与安然交易，收入也剧减。最终由一个 6 亿美元的小问题引发了企业的倒闭破产。安然公司空出来的市场空白，马上就有别的竞争者填补上去。

类似因为一个小事件，最终导致一个大企业倒闭的情况太多，防不胜防。这些黑天鹅事件虽然无法预测，但最好的预防方法便是合理的分散投资。

合理的分散投资不仅可以预防上市公司发生黑天鹅事件，也可以预防自己作为一个普通人，有七情六欲，往往容易过分乐观。对某一个企业极度的看好，全部家当投资于一个企业。投资不是“毕其功于一役”，投资比拼的是谁活的更久更长寿，是一场长达数百年的长跑接力。当我们深入研究一个行业和企业，往往容易过分投入自己的感情而忽视了风险的因素。哪怕自己的判断是正确的，但有一些风险因素不是通过财务报表可以分析出来的。这种风险是不可预见而又致命的。站在几百年的时间长度来看，我们必然会投资到一些看似很优秀，最后又突然急转直下，甚至破产倒闭的企业。这如同绝不用杠杆投资的道理是一样的。只要时间足够长，总会遇上几次可能使我们致命的大危机。

同时随着一代又一代人的投资积累，我们通过复利投资积累的资金将会相当惊人，也必须投资于多个企业，才能保证自己的投资有充足的流动性，可以快速地切换行业与企业。

分散投资我们可以用一个通俗的比喻来定义："不要把所有的鸡蛋放在一个篮子里！"这句话简要而精确地捕捉住了分散投资的特性。但我所说的"合理分散"与"传统分散"是有所区别的。

传统分散投资的核心是分散投资于多项资产。

比较经典是的标准普尔资产分布图（图 8－1）。核心的思想就是分散持有多项资产以应对不同时间长短的资金需要及降低风险使财务稳健。传统分散对于股票投资的比例相当的低，因为在我们这个时代，股票的地位依然没有得到足够的重视，股票被认为是风险高的投资。

事实上，我认为股票投资是所有投资中风险最低的投资选项。从战略上看，股票是一种长期收益最高、风险最低的投资，人们对股票的理解太肤浅。

类似于这类的标准普尔资产分布图，只能说是一种战术上的布局。对于我们家族以投资作为战略布局，没有太多的参考意义。标准普尔资产分布图只适合于普通的工薪阶层，但对于我们上千亿上万亿元的家族基金，绝大多数的资产都应该投资于股票，留 1％的备用金已经足够，足够过上舒适而非奢侈的生活，足够应对生活中突发的资金需要。99％的资

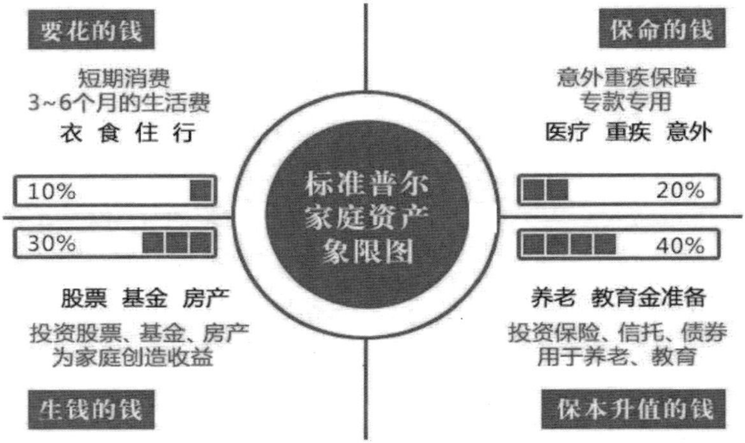

图 8—1 标注普尔资产分布图

金都应该长期投资于股票,现金与债券只能是在牛市中找不到便宜的股票,才能阶段性地持有。一旦股市进入熊市,出现大量便宜的股票,就不应该再持有过多其他的资产,而应该持有股票。从长期来看,现金与债券才是低收益、高风险的资产。

投资股票就是投资企业,投资企业就是投资人类精英群。他们的经营赚钱能力非常高,低风险、高收益是很难找到的。当然因为世人对股票投资没有从战略高度去重视,才导致股价便宜,这点我们非常感谢,要抓紧时机布局,当世人觉悟过来,股价就炒上天了。

这是战术思维与战略思维的差异。

我说的"合理分散",是在股票这类资产内部进行的分散,而非要求同时持有债券、现金、黄金、字画等一堆乱七八糟的资产。始终投资人类精英中的精英组织,这才是一切生产力的推动力,一切利润的根本之源。

分散投资最常见的方式是指数化投资。指数化投资与投资指数基金是两回事。我是反对投资于一切基金,基金收取的高额管理费用对于长期复利来说是极大的损害。指数本来就是由一个个的个股组成,只要我们每个股票都买一点,买到足够多的时候,就达到了指数化的效果。

我说的是合理的分散投资,而不是胡乱分散。合理分散的前提条件,是始终以优秀的上市公司为基石。如何选取优秀的公司,前面的投资圣道已经谈及,始终以利润为中心,始终选择那些已经成功的企业。

在合理分散投资的这个事情上,我们必须感恩于社会的发展,我们可以很方便地投资全球的上市企业,我们可以在全球范围内挑选优秀的上市公司进行投资。比如,我们可以始终以“全球利润最高的 500 家上市公司”为投资蓝本,这些都是人类精英中的精英企业,人类最高生产力的代表性企业。这便相当于投资于全球,投资于全人类的发展。

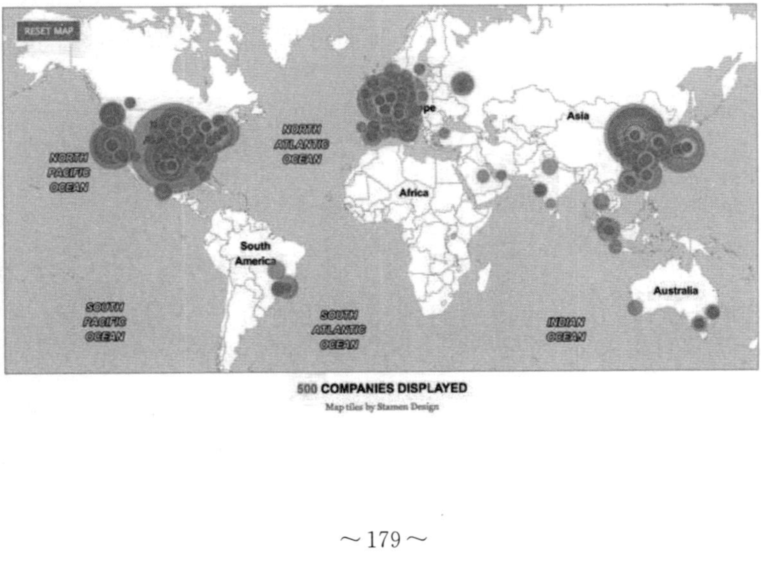

500 COMPANIES DISPLAYED

Map tiles by Stamen Design

这是2015年全球500强企业的位置分布图。世界500强企业中的大部分企业都已经上市，我们能够很方便地通过互联网投资于全世界。

我大概统计了一下，世界500强企业2015年合计净利润达到了15 000亿美元，平均每家利润达到30亿美元。而全球2015年GDP仅仅为73万亿美元。占最少数的精英企业，创造出最大的利润。

这种投资方式，我相信只有全人类灭亡我们才会灭亡。人类一天不死，家族传承伟业则永存。

合理分散，适度集中，看似是一对矛盾，实质是一个统一体。为了应对黑天鹅，避免我们过分乐观"毕其功于一役"，我们需要合理分散投资于多个股票，但又好又便宜的公司，毕竟是数量有限的。优秀的公司永远是少数，如同一个年级，无论是一千人还是一万人，成绩前十名的就永远只有10个人。这是一个比例问题。高矮肥瘦，优秀与否，本来就是一个相对论。时代的弄潮儿，最优秀的企业，永远是那些TOP 1%企业。又好又股价便宜的企业，更加是1%中的1%。这就要求我们适度地集中，不能为了分散而分散，而去投资那些平庸的企业。

从绝对数量上来说，我们是合理的分散。随着资金量的增长，我们投资的企业从最初的几个、到十几个，未来肯定会变成几十个。同时持有十多只股票甚至几十只股票，这是合理的分散投资。我们始终投资于股票这类资产。世人对股票理解太肤浅，认为应该持有债券等其他资产来对冲风险。股票所代表的企业，实质上就持有了各种的资产。比如，我现在投资的复星国际，便持有大量欧洲、美国等外国的资产，从地产到银行，从旅游公司到保险公司，从医院到药厂。我投资复星国际的股票相当于间接持有外国多样资产。比如,我投资的中国恒大,它本身是目前中国最大的房地产公司,持有很多的土地,还持有众多没有上市的资产。我还持有中国最优秀的保险股中国平安,中国平安本身也持有各种各样的资产、债券。我们只投资股票,不理解股票本质的人会认为这样资产太单一,风险太高。实质上股票背后的集团公司本身就持有多样化的资产,我们只要持有 10 家左右的优秀上市公司,就已经是相当于我们持有各种各样的资产。长期来看,价值终会反映在股价上面,这才是低风险、高收益的投资品种。

股价上涨理论上是无限的,可以上涨 10 倍、100 倍,只要企业在不断发展,行业有足够的成长空间,复利上涨是惊人的。但股价下跌是有限的,只要不用杠杆,股价下跌极限是 100%,不可能更多。当我们分散投资 10 家优秀公司,偶然一两个公司破产也没有关系(而且优秀公司的破产下跌过程是漫长的,有足够的时空给我们反应卖出),优秀公司继续优秀是一种大概率,大概率上倒闭 2 个还有 8 个继续优秀,继续创新高。倒闭两个之后,我们再补充 2 家优秀公司。尽管我们知道,这 10 家公司最终都会倒闭,但这些倒闭是交替进行的,不会在同一个时空同时发生。这样就给了我们时间空间腾笼换鸟,凤凰涅槃。如此不断地更新血液,永生不死。

从比例上来说,我们是适度的集中。虽然我们持有 10 多家股票,但这些优秀的上市公司是名列全世界上市净利润的前 500 强,是全世界最优秀的公司。全世界数以万计的上市公司,我们投资这些既优秀又便宜的公司比例不足 1%,是精英中的精英。

把投资范围限定在以“全球利润最高的 500 家上市公司”为投资蓝本,优中选优,优中选便宜。公司优秀,价格便宜是我们唯一的选股标准。

适度集中也是因为人力有限，人的时间精力都是极为有限的。全球数百个行业、数以万计的上市公司，我们不可能一一去深入了解。我们需要适度地集中投资，便于管理，便于加深对投资公司的研究了解，把握上市公司的动向。这样才能够训练出自己的投资能力。

既然要适度也集中投资，就要设定一个股票池，设定一个门槛过滤平庸的股票。一切企业最终目的都是为了赚取利润，所以利润是我评价企业优秀与否的绝对标准。在 2015 年，世界利润 500 强企业的上榜门槛大约在 10 亿美元。而我目前投资的企业名单如下。

表 8—1　　2019 年投资的股票

	2019 年净利润(亿美元)
中国平安	161
招商银行	130
保利地产	39
融创中国	36
格力电器	34
美的集团	34

我目前只持有股票这一种资产，没有投资房产，没有持有债券，只持有 0.1% 比例的现金作为生活费用，99.9% 的资产投资于股票。这种投资不符合“传统分散”的投资思想。但我投资的这些股票，我持有了中国最优秀的保险公司，中国最优秀的投资公司，中国最优秀的银行，中国最大的地产公司。它们已经代表我持有世界各地、各行各业、各种类的资产。

我长年只投资数家公司，对于这些公司的动态了如指掌，它们一年赚多少钱，它们的管理层有什么发展战略，它们公司相对于其他竞争对手都有何优势。

集中投资不仅仅是集中投资于股票，更是个人精力的集中，集中精力去学习这些股票。

我说的是学习股票，为什么这样说？因为每一只股票都代表了一个行业，代表了一种商业模式。隔行如隔山，了解一只股票的过程，就是一个学习一种生意的过程。保险公司是怎么样赚钱的？复星国际是怎么玩转浮存金的？这些都是一门门的学问。我们不可能样样都懂，事事都精通。集中在某些股票上，集中精力学习某些行业的生意模式，是我们投资者在精神境界上的竞争力。正因为对公司了解，看到企业的发展前景，才能处变不惊，才能无视股价波动。这也是与前一个投资圣道相联系的。我们的投资之道是一环扣一环的。

虽然我分散投资于多只股票，但不是乱分散，我是始终投资于最优秀的企业，全部企业按净利润计算均可排入世界500强，这是属于1%的精英企业。同时，我投资的时机也非常的好，经历多年的等待，终于等待到不高于10倍市盈率的投资良机，我整个投资组合的平均市盈率只有7倍左右。中国内地+香港的股票一万多只，低于10倍市盈率的股票不足100只。这又是另外一个1%。1%的1%，这是“万里挑一”的集中投资。

分散投资，形散而神不散，始终投资于股票，始终投资于最优秀的公司。持有多家优秀的公司，相当于持有大量的各种资产。

集中投资，优秀而便宜的公司永远只是少数，比例永远只有1%。什么都投资，本身就是一种极大的错误。

合理分散，适度集中，看似矛盾，实质是统一的，你中有我，我中有你，阴阳互转。

集中投资的另一层的哲学内涵，是一辈子只干好一件事。我这辈子最欣赏的是一辈子只干一项事业的匠人。这是一种世界最稀缺的精神资源，是最巨大的财富。如同我书本的开始所说，我经常带你们到日本去拜访那些事业传承了几百年、上千年的老店。集中、专注本身就是一种匠人精神。我们家族的定调，就是将投资这项事业世代相传。我这代人的投资经验传承给儿子，儿子便可将两代人的投资经验传承给孙子，一代一代的传承，这种家族的精神文化会变得越来越强大。

第九圣道

韬光养晦，时来势逆

◆

时机未到不要急，时机已到不要怕，时机已过不要悔

成功的投资，1/3 是技术，1/3 是艺术，最后 1/3 是毅术。

财务报表是投资的语言，我们要学习，要读懂。这是学习投资入门的基础。但你会发现，本书不同于一般的投资书，一般的投资书就是教授你如何读懂财务报表，什么是资产，什么是负债，什么是应收账款。本书没有讨论任何的技术指标和财务术语，因为这些技术指标和财务术语，永远是一种动态的变化。招式战术是无穷无尽的，术是因应时势不断地变化。中国的会计准则与美国的会计准则大不相同。今天的准则与未来的准则也不相同。所以任何关于财务报表的投资书，总会有过时的一天。我教授的，不是读懂财务报表，而是要不断地因应时势，不断自我进化，这是万世不变之道。看透术背后的道，才是最大的技术。学这门技术，不需要太高的智慧，一点点的数学知识，99%的人都能读懂。我常常说，虽然表面上投资是时时刻刻与数字打交道，但实际上数学知识在成功投资的作用不到 10%。甚至什么都不需要，我就只在世界 500 强的上市公司中选股就可以。这个比例 1%的公司，就已经是久经考验最优秀的公司群体。用残酷的市场竞争挑选公司，比分析一大堆财务报表来挑选，更简单，更有效，更准确。

技术之后是艺术。选出了好的公司群，下一个步骤就是买入。再好的公司，也需要好的买入价格，否则过高的买价，将会透支公司未来 10 年甚至 20 年的成长。如同前章所列举的百年道指的历史，过高的 PE 买入，导致后来 20 多年的不涨。人生有多少个 20 年？估值对投资非常重要，好的买入价格，是成功投资的一半。如何估值？这个看似是技术的问题，实质是一个艺术的问题。巴菲特说，市场价格非常高和非常低的时候我们是知道的，其他时候怎么样我们不知道。这句话便将估值从技术升华到艺术层次。这个公司股票可能价值

10 元，也可能价值 8 元，这是无法精确计算的，连它的董事长也不能够。但当它价值 5 元的时候，我明显知道它是低估的；当它价值 20 元的时候，我又明显知道它是高估的。我无法精确地知道哪一天的哪一分哪一秒进入夏天，但在最热的那天，我就知道夏天已经来临了。在投资中不能追求精确，追求精确说明你对投资的理解依然非常的浅显，投资永远是一种模糊的正确，一个区间概率的选择。

艺术的估值之后，我们如何能够得到那个巴菲特所说很高或很低的区间买卖呢？技术为我们指明了正确的方向，就是只投资最优秀的公司，与人类最精英的群体共同发展，这是战略大方向，是正确的道路。在错误的方向上越努力，离目标离远。方向正确是在技术这部分上进行了保障，投资 1% 利润最高最优秀的精英公司。那么，在方向正确之后，我们就要朝此方向努力前进。就是要等待一个低估的价格买入，高估的价格卖出。

我们到底要如何努力？要怎么做？说白了就是什么都不做，就是等待，耐心地等待。像我投资中国平安，整整等待了 10 年，才在一个自认为便宜的价格买入。

投资的真正智者，不是要抓住每一次机会，而是等待一次完美的机会才出手。为了一次完美的机会，放弃 99% 不完美的机会。在最好的时机出手，在不好的时机守候。

时机往往被误认为是运气。我投资这些年，常常被人说是运气好，幸存者偏差。当然我有非常好的运气，出生在中国和平崛起的时代，中国创建了股市，我才有了投资的渠道，没有这些作为基础，我不会这么快取得这些投资成就。但我发现，往往能力越强的人，运气越好。我投资的股票涨了被认为是好运气，为什么每一次我都如此好运气呢？与我一同进入股海的上亿股民，为何却是90%皆无法在一个长期上涨的股市中赚钱。运气只是弱者们自我安慰的借口而已，他们始终无法看透事物的本质。

我们常说，选择比努力重要。事实的确如此，个人能力非常的微弱，依靠个人力最难以成长。天下大势，顺之则昌，逆之则亡。天下大势，是亿万人的共同力量推出来的，站在这个风口上，能“扶摇直上三万里”。

我目前投资组合的平均市盈率在7倍，假如未来10年之中，让我等待到一次市场乐观的机会，在21倍卖出，10年估值翻了3倍。这部分的年化收益率达到了11.6%。这部分收益是由市场产生的，不是由企业盈利产生的，是市场乐观的气氛给予的溢价。同时，我投资的这些优秀公司，在未来10年利润增长3倍是非常符合预期的，利润增长与估值增长相乘，那么我10年后的预期收益达到10年9倍，年化收益24.5%。

没有依靠势，我50年的投资生涯只能取得2 187倍的收益。

依靠势，我50年的投资收益将是4 782 969倍的收益。

投资于优秀的公司，只占成功投资的一半。另一半是在低估时候买入，高估时候卖出。

这是运气好吗？的确是，因为我不知道大势什么时候来。但也不完全是运气好，因为我已经提前布局，有战略、有战术地在弱势时候进入，等待强势来临时退出。

低估的价格是较容易获得的，至少目前我是如此认为。主要是因为目前股票的绝对数量足够多。虽然目前绝大多数的优秀公司都是高估，至少是不足够便宜吸引我去投资，没有达到“非常低的时候”，但当股票基数足够大的时候，总有那么一些优秀的公司被低估。这些非常低的股票是很容易被捕捉的，因为我们一眼就看到了是低估，看到了金子在闪闪发光呼唤我们。低估买入之后，剩下的就是等待高估。

势是如何产生的？“人有悲欢离合，月有阴晴圆缺。”市场由亿万人来组成。在互联网时代，人的情绪也互相感染、互相联系在一起。市场先生总是患得患失，有时候非常的悲观，非常的恐惧，这就成了熊市。熊市给我们低估买入的机会。有时候市场先生非常的乐观，非常的贪婪，不断地推高价格，这就成了牛市。牛市给了我们高估卖出的机会。价格非常高和非常低的时候是很容易知道的，但中间那些波动怎么走，我们是无法预测的，这就是前面投资圣道所述的无视波动。但绝大多数人，却在追逐这无法预测的波动而不自知。

从过去 1900 年到今天 2019 年的 119 年中，美股共经历了 24 次牛市，平均估值增长 127%，平均时间为 3 年。可以说是每 5 年一小牛，10 年一大牛。

这是过去的历史，未来会不会重演？我不知道。但历史揭示出来的本质是，人类永远不会吸引教训，人类永远都会贪婪，伤痛过后忘记了，又再引发一次经济泡沫。泡沫破灭之后，又再是熊市，经济萧条。我站在人类本质的角度去观察，熊市会来，牛市也总会来，因为贪婪与恐惧是人类 DNA 本质里面的东西，去除不掉。

道理人人都懂，就是做不到。坚定持有优秀的公司，等待牛市，等待时来势逆，就是没有这个耐心，没有这份坚持。因为我们没有看透现象背后的本质。你如果深刻地认识到人性，就知道牛市必然会来。只要你足够的长寿，投资的公司足够的优秀就能够活到牛市到来的那天。

耐心地持有股票，等待大势，表面上是什么也不做，不做的只是买卖这个操作，真正的事，正在许多地方发生。我们所持有的股票，背后是数以万计的员工，正在从事生产经营活动，每天的分分秒秒都在为我们工作，为我们产生利润。

如果仅仅将投资理解为股票的一买一卖就太肤浅了。股票的操作，不在于操作买卖的本身。利润需要时间不断地积累，我们需要耐心地等待这个公司的利润积累到从量变到质变的时候。需要耐心地等待市场从悲观到乐观的转变，也需要时间让人们忘记了上一次的悲痛，忘记上一次的恐惧，等待市场心情平复，进而又再开始下一次的乐观。

时间便是最好的酵母。

中国名酒女儿红，女儿出生那天便把酒埋在地下，等待女儿出嫁那天再取出来品尝。这一等待便是20年。酿酒前期工作准备好之后，剩下的就是等待，将一切交给时间，让它自然地发酵。假如你时不时就去打开这瓶酒看看好了没有，要么酿不出好酒，要么早就把它喝干净了，绝对等不了20年。

在漫长的时间等待中，磨灭了多少人的耐心，他们总是想刚刚播种下去的树苗，一下子长成参天古木。这根本不符合自然规律，这是不可能的事情。一切都需要时间。

虽然我们什么都不做，其实是让时间、让规律去帮我们做了。公司越来越强大了，市场气氛越来越乐观了，润物于无声处。

人为什么难以耐心等待，这就是人的本性。总是要无事找事干，总得要操作买卖，心静才能平静下来。当你明白到，这一切正在规律的作用下，悄无声息地进行着，你就不会感到迷惘，不会犯傻胡乱买卖。

内心平静的最大来源，是来自于自我清晰的认知。当我清楚知道持有的是一家优秀公司，我买入的价格不高，那就没有什么可以害怕的，剩下的事情就是耐心等待了。如此简单，便可以富可敌国。但由于太简单了，简单得让人无法相信，投资之道就是如此简单？非得要整一些不知所云的技术流派，非得要去分析各种消息、各种政策、各种走势图表。这一切只不过是源于我们的无知，无知引发了恐惧，然后我们整天瞎搞一些东西，将自己装得很忙似的，麻醉自己的大脑，让自己看起来正在很努力，从而得到了自我的心理安慰。

智者顺势而谋，愚者逆理而动。

真正的投资者，非常的清闲。将一切交给规律去处理，交给时间去发酵。投资者唯一应该忙的事情应该是思考。思考应该如何布局，思考目前处于一个什么样的状态上，多观察少买卖。不要轻易地买入，买进了也不要轻易地卖出。当然这一切要因势利导。我曾经持有最短的股票，只有几个月。当时持股阿里巴巴及蒙牛股份，几个月之内，从我的买入价格 7 元涨至 21 元，我当然选择卖出，因为我能够买到其他性价比更高的优秀公司。所以长期投资不等于长期投资于一个股票。关键还是看估值，而估值是一种对比。X 股涨，而 Y 股还原地不动，X 与 Y 同样是非常优秀的公司，这时候 Y 股就显得更加的低估。估值是一种对比，是一种动态平衡。

当然能够短短几个月涨上几倍，那是超级的好运气，从此之后我再没有遇上过。更多的常态，估值回归需要等上好多年。我从 2012 年 5 倍市盈率投资于银行股，到今天 2019 年，7 年多时间过去了，银行股依然是 6～7 倍市盈率。估值正处于缓慢上升之中，所以不能急，慢慢地耐心等待。时间会帮我们安排好一切的。当然你持有的公司股票要足够的优秀，即使估值不上升，依靠公司盈利的上升，依然能够推动股价的稳步向上。2017 年我的总资产已经比 2012 年增长了一倍多，但持有的股票组合依然只有 7 倍市盈率，非常的健康。

优秀公司是长期等待大势来的基石，因为它等得起。大势不来，它便依靠着利润内生增长推动股价上涨。大势来了那是如虎添翼，相得益彰。

无论是买，还是卖，均要等势，或强势或弱势。在漫长的等待过程中，除了股票，我们还应该关心别的事情。真正的投资者是非常的休闲，不需要像世俗股民那样搞到自己神经衰弱。10％的时间放在股票投资上面就足够了，90％的时间我们可以发展其他的爱好，去加强自己的人生思考。投资不是人生的全部，尽管它带给我们巨大的财富，但也仅仅是我们一个赚取金钱、让我们过上舒适生活的工具而已。更重要的是，通过休闲的投资，解放了我们身体上的劳累，释放了心灵。通过投资哲学，可以思考我们的整个人生，规划我们未来想走的道路，去看我们想看的风景。

在等待大势来临期间，读书永远是我最推荐的方式。通过阅读，不断地思考，加深对投资的认识，加强了自己等待的信念，从而不再恐惧迷惘。增加对时机判断的准确性，这样你才能有信心坚定地等待下去。这就是我们的投资信仰。

第十圣道

修身养性，道为我用

◆

静以修身，俭以养德，
淡泊明志，宁静致远

世人谓我为投资家，我自称为思维哲学的行为艺术家。

买卖是我的雕刻刀，股票是我的素材。世人看我赚多少钱，我视财富只不过是我的艺术作品，它体现了我的战略、远见、哲学的综合结晶。

我留给后人最大的贡献，不是我的家族基金，而是我的思维哲学。

我的投资人生，便是将投资之道、养生之道、修身之道，三道合一。

价值投资，是一场简单而艰难的修行。

投资最重要的是时间，我需要大量的时间去完成投资的积累。从我参悟了投资之道开始，便开始养生，将养生之道结合在投资之道里面。投资养生是我投资人生的主题。

在很早的时候，大概早在 2007 年之前，我的全部家当只有 100 万元，而我却花费了近 10 万元，总资产的近 1/10，购买了世界最先进的空气过滤器。这也是你们所看到的，我家的每个房间，都安装有空气过滤器。当时在中国，PM2.5 这个概念还没有出现。我当时看到世界卫生组织发布的一篇报告说中国人因为空气污染而平均减少寿命 6～8 年。我看到这个结论是非常的震惊，因为时间对于我的复利投资非常的重要，我不能失去太多的时间，因此，我马上花费近 1/10 的资产购买最好的空气过滤器。

一般人绝对没有我这种魄力舍得花费这样的“巨资”去购买这些看不见摸不着的“好空气”。

但我的思维方式就是这样的。

我的预期投资收益为 15%，预期投资年限为 70 年。

100 万元的 1.15 的 70 次方＝177(亿元)

当我使用了空气过滤器之后，我的预期投资年限可能为 75 年。

90 万元的 1.15 的 75 次方＝321 亿元。

我当时 10 万元的投入，可以产生 321 亿－177 亿＝144 亿元的收益。这 10 万元产生的收益率相当的巨大。这是我与众不同的思维方式。

现在的我，什么都不需要了，就是需要时间。只要有时间，用上我的投资圣道，财富自然滚滚而来。我要想尽办法去养生，以延长自己的生命，获得更长的复利时间。

我非常地珍惜自己的生命，我每多活一年，就可以多赚

15%,到了最后这15%可能就是数十亿元,甚至可能是上百亿元。做一些危害健康的事情的机会成本相当的巨大。

生物学家研究人类的生理结构,认为人类的极限寿命在120～130岁。但目前人均寿命才80岁,很明显环境的损害、工作压力的损害、不健康食品的损害等使我们的寿命大幅减少。

投资这项工作给了我们很大的自由空间。通过投资不需要再为财富而烦恼,不需要再做那种天天打卡上班下班的工作,不需要再为了生意业务去应酬任何人,我有大把的自由空间,去管理自己的健康。现代社会我们时刻关注如何管理自己的财富,却没有去关注如何管理我们身心的健康。

我为何要创建家族基金,无非是不想让孙子后代再为金钱而烦恼,让他们可以过上舒适的生活,接受到良好的教育,从而有机会追求自己的人生梦想。

财富上我可以助你一臂之力,但你的健康、你的精神,却要靠自己去修行。

财富是我们传承的一个手段而已,真正要传承的是人的精神。没有健康的身体,没有健康的灵魂,一切传承无从谈起。人永远是最核心的存在。也许有一天所有财富都不在了,但依靠着我们的投资智慧,家族必然能够再次崛起。

世界上最高深的法理是什么?是佛法。之所以高深,是因为他是人类几万年以来的智慧结晶,人类范围内的东西没有可以超越佛法的,因为它是一个人类学的总纲领。就像人必有生老病死,没有人能逃脱这些规律。佛法就是这样一种最基本的规律。

世界上最简单的法理是什么?是佛法。之所以是最简单,因为它是用最简单、最平凡的语言去让世人明白。佛法的全部就只有三个字“戒、定、慧”。(戒)除不良的恶念,(定)内心的平静,获得智慧,即可成佛。佛是什么?佛不是满天神佛的佛,佛不是能够飞天入地的神仙,佛不是永生不死的梦幻。佛只是一个名称,你可以称为“智慧”,称为“觉悟”,称为“规律”。只是一个名字,一个获得智慧觉悟的人,就是佛。全部佛法只有“戒、定、慧”三个字,它是如此的简单。

一念善心即为佛。这么简单的佛法,世界上能有几人能修道成佛?能坚守一辈子?简单的令人难以置信。

世界上关于佛法的书何止千万,但其实都是在写“戒、定、慧”。懂了这个道理之后不用再买任何佛法书。你太狂妄了吧,这就是佛法的全部?这其实不是我说的,这是南怀瑾大师说的,我只是拾大师的牙慧,我远远没有达到解释佛法这个水平。

投资之道是什么?是低买高卖。这是投资领域里亘古不变的绝对真理。自从有人类的买卖行为开始就存在的绝对真理。从有原始人开始,从有货物流通开始,这个真理就存在。我突然想到了一个情景,说出来娱乐一下。

有两个原始部落,一个在河边,一个在森林。河边的原始人经常能捕捉很多鱼,而森林的原始人采摘了许多野果。然后有一个特别聪明的原始人,从河边拿了一条鱼,到森林从来没有吃过鱼肉的原始人那里可以换取10个野果。然后,拿着这10个野果又拿到从来没有吃过水果的原始人那里换取两条鱼。如此循环反复。这是我能想象到的最早的投资之道的发源地,复利的始祖。

从有货物流通开始,低买高卖这个投资真理就存在了。只要有货物交换,有资金流通,有任何的交易行为发生,这个规律就会发生作用,这个规律就存在。

在投资市场中赚大钱就是如此简单，如同佛法一样，简单的让人不相信。耐心地等待低买的机会，再耐心等待高卖的机会。如此循环反复，坚持一辈子，即可富甲一方。简单得让人不敢相信，简单得让99%多数人一听就懂，简单得让99%多数人做不到。

10年前我就开始写投资文章，写了10年都是在写低买高卖这个投资之道。以后再写10年、20年、50年或一辈子，依然是写低买高卖这个投资之道。懂了这个之后，就不用看任何人的文章，包括我写的书根本不用看。

总有很多读者不断地问我一些问题：××股票能不能买？科创板能不能玩？

我的绝对答案是：能！世界上没有赚不了钱的股票，只有赚不了钱的操盘手。你说100倍市盈率的股票能不能买？你肯定说我疯了！但我亲身所经历的是这个股票经过半年之后，从100倍市盈率升到300倍市盈率。只要你当时买进，半年翻3倍！

300倍的市盈率能不能玩？当然能，你做空它就可以了，目前这个股票是不足50倍市盈率，估值跌了83% 。你只要当时做空它，一年增长6倍！世界上有一辈子只做空不做多的大师及做空机构。

只是以上种种操作，我都做不到！我在它100倍市盈率时做空，眼睁睁看着它半年后上涨了3倍，割肉离场。

股海武林，奇人辈出。可能有奇人、神人能做到，只是我做不到。哪位读者或者读者的朋友听说的某位朋友做到了请教教我，真心求教。

正是我做不到，所以就不去做，不去送钱了。我就只练这一招一式：低估买进好公司股票，耐心持有，高估卖出。遵从这个简单的绝对的投资真理，就练这么简单的一招。在地上画一个小小的能力圈，守株待兔，等待上天把大把大把的钱落到这个小圈子里，然后我轻轻松松地走过去捡起来放进我的麻包袋里面，不带走一片云彩。

圈子外面也有很多钱、很多黄金，只是外面的世界枪林弹雨，我害怕钱没有捡到，命已经丢了，因此不敢越雷池半步。就在我自己画的这个安全小圈子里面，开开心心活到100岁，写写文章打发时间，等待钱掉进来就去捡，多好呀。

我这个圈子很小，非常小，以好公司为基座，以低估值为支柱，方圆不过三尺。

正因为这个圈子如此之小，所以，朋友问的圈子外的问题，就不用问了，问了也是白问，我是真心不懂。

如果读者问的是圈子内的问题，也不需要问了，圈子这么小，99％的人一眼看穿，相信各位心中早有答案。

自从我参透了投资之道，财富来势如洪水，再也不需要为贫困而担忧。

走上投资之道，富可敌国是必然的事情，只是时间长短的问题。我的规划是积聚万世的财富，让后世再无须担心饥饿、贫困、医疗费用、教育费用、住房费用，从而过上舒服的生活。

万世财富有多少，以今天的标准，1万乘以100年乘以人均年收入5万元，大约是500亿元。我相信我今生便能够完成这个目标了，所以后代不需要再为金钱而烦恼。但现在我反而会担忧后代会为金钱而烦恼。财富越多是否会容易失去人生的动力，是否会导致人生迷惘？

我的答案是不会。我从来不认为过多的财富会导致人生的空虚。财富给了你选择权，而不是让你选择消极，选择空虚，选择迷失自我。

相反，有足够的财富，你才可以去实现你自己的梦想，家族的事业才能够不断地传承下去，你可以帮助更多的人。我们真正的追求，是财富之外的东西。我真实想写的不是投资的道理，而是人生的道理。通过投资，参悟人生。

思考了十多年，我一气呵成地写完这本书。写了一大通，最终里面所举的例子、所列的数据，最后均会被时代淘汰。招式会有过时的一天，只有最本质的道理才能流传下来。所以这本书，写了十多万字，但其实最终把所有杂质去掉，留下来的只有十句话的智慧，这就是投资十圣道。这不仅是投资的十大圣道，也是我们人生的修行原则。

也许某一天，随着时代的发展，股票这个工具不再存在，但没有关系，投资的道理是相通的，投资之道永远不会被淘汰，只不过没有了股票那么方便，相对来说会麻烦一点，费劲一些。

一切的根源，其实是人。人才是最大的投资。我这辈子最好的投资，是娶到一位好妻子，组建了一个和谐的家庭。当然这不是天生的，没有任何人是天生一对，没有家庭一开始便完美，都是长期的互相磨合，相互忍让，最后融合成一体，朝着同一个目标共同进发。我平时非常节约，但对于子女的教育和健康非常乐意花费巨资。我深知这是最好的投资，人永远是根本。家业的传承是建立在家族人才之上的。

认识我的朋友，都会觉得我过着清教徒般的生活。他们觉得我的生活很单调，甚至在他们眼中是苦闷的。因为他们不懂得，原来简单是最美的，节俭比奢侈的花费更快乐。

我鼓励家人放弃目前的消费享受，将资金投入长期的复利当中。世俗人总是无法理解，几十年之后我们都老了，金钱还有什么用？在世俗人的眼中，金钱的作用就是要消费享乐才能带给他们刺激。但在我眼中,节省每一分钱,用自己的思维智慧,投资远见,将一分钱变成两分钱、三分钱,不断地增长下去。这种成功感、满足感,远远地超越了我把它花费了的快乐。这是一种无与伦比的成就。我用收益一次又一次验证自己的眼光,证明自己的智慧。这是多么快乐的一件事。我已经不需要过多的社交,我不需要寻找奢侈消费带给我短暂的快乐。我在投资这个游戏中已经获得足够的快乐,这种快乐是长期的,是一辈子的。消费一件奢侈品,无论是别墅还是游艇,这种快乐不会持久,内心很快又沦陷到新一轮的空虚当中,又要再次消费进行刺激,如此恶性循环。要跳出这个怪圈,就要寻找真正持久的快乐。有什么快乐可以持久?创造型快乐比消费型快乐更持久。当然创造型的快乐过程更艰难,但一旦成功,这种快乐是非常巨大持久的。绝大多数世人没有享受到这种创造型的快乐。

投资就是一种创造型的快乐,而且是可以持久一辈子的快乐。投资是创造财富,更是创造智慧,创造一种思维的哲学。我的快乐不是源于财富,而是源于我一次又一次地证明自己的投资正确,财富不过是玩这个投资游戏的奖励分数。

很多人说,坚持几十年,很难。坚持是很难的,因为人性如此。人一生懂得很多道理,却依然过不好,因为这些道理很简单,但简单到做不到,坚持不了。

我的答案是,不要坚持,而是去享受。

首先,从做一件正确的小事情开始。我从小就特别喜欢数字,我对数字非常的敏感。这导致我有一件小事做得特别好,就是守时。我只要跟别人约好了,就永远不会迟到,非常准时。然后大人们会夸我守时,我这个观念得到强化,不断强化。从守时,到守信,不会随便答应别人,但只要答应了别人的事，一定会尽力去办，从强化到优化。就这样，从小到大，每一件事情都尽力做好，保持一种感恩的心，诚信地做人，越来越多的朋友信任我，我的信誉不断地积累。至少我给了别人正直的印象，有一个正确的人生观，从优化到进化。

我不是说我的道德有多高尚，这一切不过是从一件正确的小事情开始，不断地得到强化、优化、进化。一个正确的小事情，包含了大的道理，走在这投资圣道上，道路越走越宽，你也会越来越感到乐趣。

我这种享受的乐趣，与一个赌徒享受赌博的乐趣是没有本质的区别的。区别只是在于，我走上了正确的道路，他走向了错误的方向。从心理学上，我们这种对强化、优化、进化的刺激上瘾是一样的。

我的一名高中同学，逢年过节，大伙就会聚在一起，打打牌，每局就 5 元钱，输赢就一百几十元。作为一种娱乐工具，大家小赌一把没有问题。结果我这名同学，运气特别好，每次这样 5 元 5 元的一把，每次都能赢钱，多的能赢几百元，少的也能赢一两百元。这几百元钱是小钱，但给了他一种强化的刺激，原来赚钱这么容易，这么刺激。然后他开始研究一些自认为有技巧的赌术，这是自我优化。到了最后发展到小赌已经满足不了他，要去澳门赌。结果当然是一次又一次地输，把全部家财都输光，把朋友给他合伙做生意的资金都拿去输光，还欠下澳门赌场一大笔钱，而这时候他的妻子刚刚怀孕。为什么这样一张小纸牌能有让无数人家破人亡的魔力？就是从赢点小钱开始，从点点的自我强化的刺激开始。

中国古语云："勿以恶小而为之，勿以善小而不为。"千古之大道！

投资几十年，一辈子，难吗？是很难，假如你没有走上正确的道路。

但你可以从“善小”开始，从一件正确的小事开始。首先，你开始挑选一些好的公司，在股价不高的时候，平常节约一点支出，一有闲钱就买上那么几百股股票。从这点小投资开始，到了一定时候，你会发现什么都不用干，这点小钱开始增值了。它来得这么轻松，这么简单。这给了你强化。你便开始更加节俭，你会发现原来节俭比奢侈更快乐，因为你已经开始从消费型的快乐转向创造型的快乐。你为了得到更多的资金投资，开始努力工作，钻研技能，提升效率，你的事业也开始上升。你自然得到越来越多人的赏识，得到更多的机会，人生就走上了正途。慢慢地你会发现，投资的收入已经超越了你的工作收入，投资由副业变成了主业。你开始进一步提升你投资的技能，去思考投资的本质，思考为什么投资能够赚钱。你会明白投资原来是与人类未来的发展融合在一起。就是如此的简单，这个过程是如此的快乐。为了能够多享受投资的快乐，你会希望自己有健康的身体，更长的寿命，去享受更多的投资时间与更多的投资乐趣。你便开始拒绝烟酒，拒绝不良的习惯，对无聊的应酬没有兴趣，对高消费不感冒。财富越来越多，你会发现财富不过是一个数字，原来我们追求的是财富之外的东西，追求心灵的平静，我们只是在玩一个游戏，一个很健康很快乐的游戏。在别人眼中你越来越富有，却越过越简单。心越宁静，你看到的东西越长远、越深刻。你不再在乎眼前的一时得失，不再在乎短期股价的涨跌。你不再被表面的现象所迷惑，你一步步看透事物的本质，知道了事物运行的规律，原来一切是如此的简单，是世人把事情搞的太复杂而已。

于是，你开始想建立一个可以长达几百年的事业，这么好的东西,这么简单的本质,又这么深刻的道理,你就会想传承下去,想教授给下一代。你不知不觉间整个人生已经走上了圣道。

这一段,实际就是我整个人生的缩影。

愿你们也能享受到投资的快乐,走上投资圣道。

附　录

用一生创作的艺术

道路上，无比的孤独与寂寞，大多数人不会理解你所想的东西。

只有少数的知己，他们也同样在努力着，在此道路上偶然相遇，互报一个鼓励微笑，足矣。

或者会失败，或者最终会一无所有，但我们依然不停地追求。

那些平凡的人不理解，为什么这样辛苦还要走上这条路。

他们不会理解，因为我们天生就是对梦想追求不息的人。

目前的生活很平稳，我们可以选择安安定定地过完这辈子。

但在这平静的生活当中，内心总有一种躁动，这种躁动是什么？是骨子里不安分的野心啊！

难得被上帝选中，有幸亲临这个世界一次，不甘如此平凡就过了一生，难道只是回去跟上帝说，人间很美？

难得来世一次，总要尝试站在世界的顶峰，体会一下从最高处望下来的感觉！

不甘心啊，不甘心名字就这样被世界忘记，就像自己从来没有出现过。

野心大到无法控制，即使平凡一时，那种躁动还是无法掩盖。

我要在世间留下我的名字！

年复利率____________

总收益率____________

我会在生命终结之前写上我最后的作品。

35 岁	2 000 万元
45 岁	1 亿元
55 岁	5 亿元
65 岁	25 亿元
75 岁	125 亿元
85 岁	625 亿元
95 岁	3 125 亿元
105 岁	156 251 亿元
115 岁	781 251 亿元
125 岁	3 906 251 亿元

我早就知道我会变得非常的富有，对此我没有一刻的怀疑。

写于 2005 年 20 岁

百年复利，万世传承

<table>
<tr><td>40 岁</td><td>10 亿元</td><td rowspan="7">低估买进，高估卖出，十年五倍

百年复利</td></tr>
<tr><td>50 岁</td><td>50 亿元</td></tr>
<tr><td>60 岁</td><td>250 亿元</td></tr>
<tr><td>70 岁</td><td>1 250 亿元</td></tr>
<tr><td>80 岁</td><td>6 250 亿元</td></tr>
<tr><td>90 岁</td><td>31 250 亿元</td></tr>
<tr><td>100 岁</td><td>156 250 亿元</td></tr>
<tr><td>110 岁</td><td>350 000 亿</td><td rowspan="6">家族信托指数化世界净利润100强投资，无人值守，自动更新，永恒持有，年复利10%，永生不灭。

万世传承</td></tr>
<tr><td>120 岁</td><td>1 000 000 亿</td></tr>
<tr><td>传承 100 年</td><td>1 万倍 * 100 万亿元</td></tr>
<tr><td>传承 200 年</td><td>1 亿倍 * 100 万亿元</td></tr>
<tr><td>传承 300 年</td><td>1 万亿倍 * 100 万亿元</td></tr>
<tr><td>传承 400 年</td><td>1 亿亿倍 * 100 万亿元</td></tr>
</table>

写于 2017 年 32 岁

十多岁的时候,我便知道我这一生将会非常的富有。二十多岁的时候,我便已经定出万亿元的人生规划。现在,我明白到万世传承的真义。一路走来,我看到了自我不断地进化。

我只有高中学历,看着同龄人拿大学文凭去找一份体面的工作,我只能当货车司机,每天早上5点起床送货,晚上10点才回到家。他们拿着10万元的年薪,我每月只有3 000元的工资。但我从来不觉得自己卑微,我与太太节省每一分钱进行复利投资,每过一天,都与梦想走近一步。表面上做着同样的事情,却可以是砌砖头的农民工,也可以是建设新世界的伟人。如若不知道自我为何而活,那么我仅仅就只是一个送货司机。

决定我的位置,从来不是现在的这个时空,而是50年之后的那个时空。无论我现在的位置多么卑微,多么微不足道,但我从来不敢忘记要改变家族百年贫困的命运。为了那远大的理想,我卑微地活着。

年轻人,穷点,苦点,没有关系。没有资源,没有人脉,也都没有关系。人可以什么都没有,但必须有思想、有格局。想世人不敢想之事,布世人不敢布之大局。

“不谋全局者,不足以谋一域。不谋万世者,不足以谋一时。”今天便由我,带领家族开创这个万世之局。

集思录

简约而不简单的人生路线图

一、生存路线：目标是120岁

1. 空气：每升空气1万个微尘以下。（目前房间空气达到1万—2万个微尘。）

2. 水：0.01微米过滤净化。（目前已经达成。）

3. 食物：每天10种以上水果蔬菜，纯植物性。（基本达成，偶尔吃肉，自我约束力有时薄弱，继续加强自我教育意识。）

4. 运动量：每天游1千米、走5千米。（目前基本达成，偶然偷懒。）

5. 睡眠：每天优质睡眠7小时。（基本合格，偶有失眠，在研究改进办法。）

6. 心情：保持心情开朗。（目前生活无忧，心情达标。）

二、生活路线：目标是保持家庭各成员的健康快乐生活，明慧养性

1. 家庭：维护家庭的稳定和谐。

2. 小孩：陪护他们健康成长，引导他们树立正确的价值观，将我的知识传授他们。

3. 旅游：与家人多去旅游享受生活。

4. 艺术：用余生几十年的时间学习琴棋书画。

三、事业路线：目标是完成每年15％的年收益，最终累计100万倍收益率

1. 找一份轻松简单的工作充实多余的时间。用这份工作的收入支付日常开支，不动用基金资金。（已经达成。）

2. 让投资平均每年获得15％的收益。（已经达成。）

3. 设立家族基金，让后世永世无忧。（规划中。）

我是艺术家

逢年过节，互相串门探访。总有亲戚朋友问我现在做什么工作。我总是回答没有什么工作，基本待在家里。后来这个问题的确引起我的深思，我的工作到底是什么，我给自己的定义是什么。

经过数年的思考，我将我的工作定名为：艺术家。我是一个行为艺术家，一个思想艺术家。我主要要做的事情就是：等待！没错，我做的事情就是等待。20 岁前的我是无意识地等待，等待从婴儿成长为有自由行动力的人，等待从一个无知的人学习成长为具有对世界有基本认知的人。这是 20 岁前的被动等待。

20 岁之后我学会了主动地等待。20 岁之后，我在等待毕业投入社会，这是我真正开展人生的第一步。等待到 2006 年迎接我的是中国史上最大的资产价格上升大牛市。后来在 2008 年到 2013 年间等待到了世界金融危机期间，7 元买入阿里巴巴，之后以 21 元卖出。等待了牛奶三聚氰胺事件，7 元买进蒙牛 21 元卖出。等待了国美电器黄光裕入狱，1 元买进 3 元卖出。等待了国家地产调控，低价买进大跌的保利地产，获利 80%。等待了地方债务危机，5 元买进民生银行，10 元卖出。在坏账危机的阴影中买进浦发银行、兴业银行，在可见的将来要不翻倍不罢休。虽然在2015年5 000点有卖出的机会，但我一股没卖。为了等待一次最完美的操作，要放弃很多不太完美的机会。等待，只因值得。

当然，等待这个行为需要耗费大量的时间，为了完成一次完美的等待过程，可能耗时数年甚至数十年。为补充这个不足，我只能尽量地延长自身的寿命，增加我可以用来等待的年限。我需要极长的寿命，想尽一切办法养生。空气过滤到森林级别，自来水过滤成矿泉水，只食蔬菜水果，不吸烟、不喝酒，每天有氧运动两小时，早晚温水泡脚。不要以为我很享受，坚持是最大的痛苦。但为了伟大的目标，义无反顾地进行下去。我用生命在等待，用我的一生的时间来完成这个伟大的艺术品。

随着经验的增加，我对等待时机的把握越来越好，甚至我已经将等待，上升为哲学层次与上升为艺术，我自称为艺术家。我会继续完善我的理论，并传导给我的下一代。我是艺术家。

用平凡的每天
构建不凡的一生

开学第一天，学生们就问古希腊大哲学家苏格拉底，“如何才能成为像您一样伟大的哲学家”？苏格拉底没有直接回答，而是对学生们说：“今天咱们只学一件最简单、也是最容易做的事儿。每人把胳膊尽量往前甩，然后再尽量往后甩。”说着，苏格拉底示范做了一遍。“从今天开始，每天做 100 下。大家能做到吗？”学生们都笑了。这么简单的事，有什么做不到的？过了一个月，苏格拉底问学生们：“每天甩手 100 下，哪些同学坚持了？”有 90%的同学骄傲地举起了手。

又过了一个月，苏格拉底又问。这回坚持下来的学生只剩下 8 成。

一年过后，苏格拉底再一次问大家：“请告诉我，最简单的甩手运动，还有哪几位同学坚持了？”这时，整个教室里，只有 1 人举起了手。这个学生就是后来成为古希腊另一位大哲学家的柏拉图。

世间最容易的事是坚持，最难的事也是坚持。说它容易，因为只要愿意，人人都能够做到。说它困难，真正意志强大的人只有少数。

每到逢年过节，我便成为核心人物。总有一堆肥胖的亲戚，围着我问减肥的秘诀。可能因为家族遗传关系，我也曾经是这堆肥胖亲戚中的一个肥胖分子。突然之间变成六块腹肌的标准身材，亲戚们总是乐此不疲地问我是否吃了什么特效药。我也不厌其烦地回答：很简单，少吃多动。每天跑5公里，每餐七分饱，然后一年就练成了。然后，没有然后，肥亲戚每年依然是那些肥亲戚。成功很简单，只是做不到。

成功的秘诀，在于坚持。知易行难，特别看不到前景之时，有多少人还能日复一日，年复一年地重复坚持？

至今谁创建了前无古人的伟大投资事业？唯有巴菲特毫无争议。如此伟大的巴菲特，每天的工作不过是读读资料数据，看看新闻杂志，等待一个合适的时机买进股票。每天如此，日复一日，年复一年。其平淡的程度别说比不上史玉柱等传奇人物精彩，恐怕我们一个地区的小富豪的经历都比老巴更加激动人心。没有看到任何的激情，甚至于接近“闷”“无聊”的平常日程，却成就巴菲特有史以来最伟大的投资事业。

大道至简，每一天都是如此平淡，没有任何传奇色彩，没有跌宕起伏。

如何长寿？无非每天新鲜素食，游1千米、走5千米，早睡早起。

如何养性？无非弹弹琴，写写字，作作画，旅行旅行。

如何明慧？无非每天读两小时的书，看看哲学，读读经济。

如何致富？无非耐心等待机会，时机未到不要急，时机已到不要怕，时机已过不要悔。

唯一不平凡的有且只有，坚持每一天都如此平凡，就能成就不凡。

当你种下一棵杉树，明天看它没有长，下个月看没有长，甚至下一年看还是没有长。但其实它每天都用无法感知的速度缓慢生长着。百年回首，却已经成为参天大树。

假如你已经想明白，平凡即不凡，简单即伟大，那么请跟随我，用平凡的每天，构建不凡的一生！

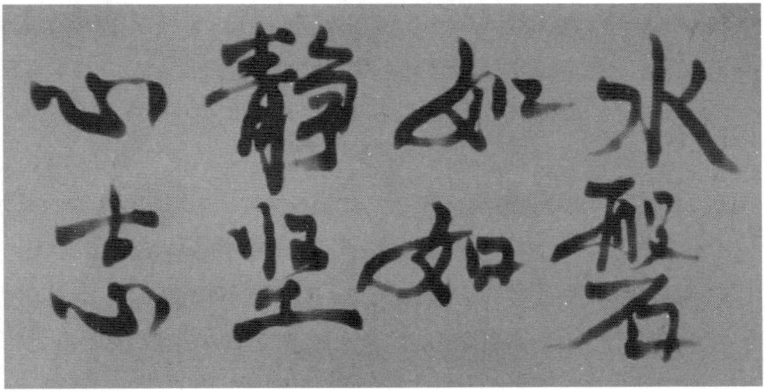

三道合一

我人生的三次顿悟

第一次顿悟“财富人生”：投资之道，从此走上财富人生。

我在十多岁还是未开智的少年之时，偶然看到一本介绍投资复利的书。这本书里面简单地介绍了投资复利，我被这种创富方式深深吸引，毫无顾虑，一秒钟即接受。突然明白到原来要成为富豪是如此简单。从此已经明确我余生均以投资复利的方式积累财富。我的人生由此不同。我不知道我最终的投资人生是否称得上伟大事业，但我很荣幸地走上了这条投资之道。

第二次顿悟“健康人生”：养生之道，从此过上健康人生。

我在二十多岁的时候，对价值投资深深痴迷，并想尽办法养生长寿以延长自己投资复利的年限。偶然之间看到一篇研究报告，研究表明人类是植食性动物而非肉食性动物，人类可以吃新鲜的水果却对新鲜的生肉感到恶心就是最本能的证明。吃了二十多年肉的我，第二天就不再吃肉，毫无顾虑，一秒钟即接受。素食三年之后，练成不病之体。偶然生病都是因为应酬聚会肉食饮酒所致。从此身体状态自我感觉非常良好，我相信以此基础突破100岁没有问题。

第三次顿悟“幸福人生”：佛学之道，从此过上幸福人生。

在我三十岁的时候，偶然听好朋友讲佛学（佛学，非佛教），全身如同电击，回去后开始研究佛学。突然明白了不缺钱不缺健康的我，最缺的是心灵的平静。学习佛学后，心灵前所未有的平静。很多原本习以为常的东西，重新去感悟，懂得去感恩，懂得去享受平淡。平淡，其实是最大的幸福。

投资让我不缺乏物质条件；养生让我有更长的复利时间，更多时间去感悟生命的伟大，学习更多，感恩更多；平静的心灵让我在投资上看得更远更清澈，让我生活更加幸福，更加懂得珍惜。这“三道”相辅相成，你中有我，我中有你，最后融合成我的人生之道。

将简单发挥到极致便是绝招

几年前曾经看过一本武侠小说，里面有一个人物角色剑术宗师，自出道以来未尝一败，与他交手的人无一生还。说他是剑术宗师，但他却不懂剑术！几十年以来他只练一招：直刺。以最短的距离，最快的速度，最强的力量，直接刺穿敌人的命门，一招致命，避无可避。如此简单的一招，却天下无敌。虽然只是小说情节，对我这个久经股海的人来说，却深以为然。

我曾经与几个技术高手非常深入地交流，是非常深入地交流学习。但我明白了我的道之后，现在我看投资理念的文章，一看到写有 KDJ，多少天均线，什么超买超卖，直接点击关闭。不是看不起技术流派，每个人都有每个人的风格，每个人都有自己赚钱的道理。巴菲特与索罗斯都是大师，你学谁都没有问题，最怕的是两者都学。而我追求的是最纯粹的理念，最简单的一招，容不得任何杂质。

投资最简单又最极致的一招是什么？低买高卖！这是绝对无人能反驳，这是一切投资的终极真理。低估买入，耐心持有，高估卖出。说是最简单的一招，要发挥到极致需要一辈子的修行。这一招我已经练习了 20 年，还将用余生继续实践。

10年10倍的收益真的很简单

我说10年10倍的收益真的很简单，只要用很简单的常识，很简单的数学乘法就可以做到。目前可以说是随便挑都有一大批10倍股。

要实现10倍收益要有三个重点：

一、买入稳定的业绩增长股

每年10%的业绩增长，这不是难事，很多银行股、地产股、消费股都没有问题。别小看这10%的业绩增长，10年复利就是3倍。当然有一些股票能10年增长5倍、10倍的业绩更加好。

二、在低PE时候买进股票

比如，现在。在大家都没有信心时，更加要决心买进。低PE的买进非常重要，这是一个简单的数学乘法。例如，10PE买进30PE卖出，便是3倍收益。15PE买进30PE卖出只有2倍收益。十分幸运的是，目前一大堆10PE的优质股票在那里任君选择。

三、最重要的一点是耐心持有

这个耐心是10年，很长的一个时间，会慢慢消磨了你的信念，消灭你的意志。当然未必是10年，反正是要持有到一个牛市的到来，连邻居的阿婆都去买股票的时候就到了。牛市就像是下一班车，总会来的。以我的经历，中国的股市基本上是 5 年便转换一个周期。

这样，简单的乘法法则起了效用，业绩的增长，PE 的增长，轻轻松松地超过 10 倍收益。

世界上居然有人愿意出一千万元让你每天去享受生活

近日，有网友在论坛发出一则招聘广告，开价年薪千万元，而且工作要求非常之低，号称史上最轻松的工作。我们一起看看这份工作的内容：

1. 男女不限，身高不限，学历不限。
2. 最好不要吸烟，不要饮酒，戒掉一切不良习惯。
3. 每天健身，找个环境好的地方，多做有氧运动。
4. 健康的饮食，优质的睡眠。
5. 空闲的时候多陪陪家人，多阅读，多思考总结。
6. 工作地点在家中，随时可以上班下班，时间自由安排。
7. 平均年薪 1 000 万元左右。

简而言之，就是尽一切可能远离危险，保持身心健康，努力活过 100 岁。

不会是骗局吧？！还真有这样好的事情！

只要你在 30 岁之前存了 10 万元，努力活到 100 岁，10 万×1.15×70 年/70 年＝平均年薪 2 533 万元。

天啊！世界上居然有人愿意出 1 000 万元，让你每天去享受生活！

如何获取20%的年收益率

首先看看历史数字，对过去200年的股票历史收益的统计，平均收益是10%。另一个数字是，像巴菲特、林奇等世界级的投资大师的年收益大约也是在20%～25%。巴菲特对股东说：他保证连续50年的时间里，收益率是15%，其他的他保证不了。看完这些数字，希望你对自己在股市里的收益有一个宏观的认识。

10%是一个平均收益，为什么是10%呢？如果从实业角度来看，也不难理解。买股票其实就是投资实业。在实业之中，利润率基本就是维持在10%左右。利润高于10%，其他资金就会大量进入这个行业，增加竞争，导致利润率下降。利润率越来越低，资金流出这个行业，竞争减少，利润率再次上升。在实业中10%是一个资金比较认可的心理收益率，行业的投资收益就一直围绕着10%上下波动。投资股票就是投资实业这个本质，在长达200年的投资时间中，抹平了所有的波动，所以最终股市收益就贴近实业的利润率。

当然，10%是持有所有股票一动不动的长期平均收益率，这是一个懒人收益率，只能说是投资股市的入门级别的收益率（当然这个长期收益已经战胜90%的基金经理，所以买基金的人最好考虑清楚)。只要你适当地做出一些聪明的选择,还是可以超越收益率。

本人的投资理念,全部来源于一条公式:

股价=每股盈利×市盈率

这个公式指导着我全部的投资理念。从这个公式可以很直观地看出,要获取最大利润,当然是要每股盈利与市盈率最大化。

一、关于每股盈利

每股盈利这个东西本质就是上市公司的每年利润,当然是越高越好。这个公式决定了我们一定要选取优秀的行业领导者。强者恒强,优秀的公司的利润总是随着时间的推移创新高。它有好的管理层、优秀的团队、强大的品牌号召力。大家都要选择它的产品或者服务。随着时间的推移,它的利润不断创新高是大概率事件。选择优秀公司是根本、是本质。万一选择了个垃圾公司,每年盈利倒退甚至亏损,即使你市盈率再大,乘出来的股价也很小。另一个关键点是,选择优秀的公司,即使你不小心在市盈率过高的情况下买入,但随着优秀公司每年盈利不断创新高,最终也能获得不错的收益。

根据对各国优秀公司的收益率统计,优秀的行业领导者平均收益率在15%左右。是的,全部的上市公司是10%的收益率,而只要你选择一些行业领导者,这个收益就轻松提高了5%。这是天与地的差别。10%的50年复利是117倍。15%的50年复利是1 083倍。

当然这里还有一个不是技术的“技术问题”:如何选出优秀的公司。毕竟有时信息不是对称的。其实用常识就可以选择出来。选择你身边经常看见的产品,经常接受的服务。在你觉得有前途的行业选择几个市场占有率最高、口碑好、讲信誉的公司。这样选择下来,大概有四五十个公司。这四五十个公司就成了一个“优秀50指数”。上面说了,与其投资他人的基金公司(每年亏损也要交管理费),不会投资自己零成本的“优秀50指数”。哪怕你随时买入,一动不动,长期下来收益率就趋向15%。时间是好企业的朋友,会帮你抹平所有的波动。同时,可以享受投资选股的乐趣。概率是一个很准确的事情,这些优秀的公司继续优秀下去的概率是很大的。当然每隔几年,可能会有几个公司开始走下坡路,即使倒闭了10个8个,只要还有40个继续优秀,我们就赚大了。我们也可以及时更新我们的“优秀50指数”,每年淘汰一些,新选一些(当然别养成频繁换股的习惯,要设定自己的纪律)。

二、关于市盈率

市盈率是老生常谈的词汇,说得我们很多人都麻木了。我更愿意用它的本质来表达:市盈率就是你收回投资的时间。10倍市盈率就是用10年时间来收回投资。20倍市盈率就是用20年。永远记住,投资股市就是投资实业。假设有一个好朋友,拉着你一起搞个什么公司,告诉你这个投资20年后可以收回,你会投吗?我想不是傻瓜都不会投资一个20年才回本的项目。现实生活中我们很聪明,但投资股票却常常很笨。君不见多少人就是喜欢追求动不动几十倍市盈率的股票。没有深刻理解市盈率的本质,我只能说是大概率上不会有太好的业绩。

回归到股价=每股盈利×市盈率公式中,每股盈利解决了,另外就是市盈率要低买高卖。过去数百年的股市历史表明,市盈率基本是在10～30倍波动。为什么呢?我也不知道,数据就是如此。如果一定要找某些解释,只能从大众的心理学上去分析。经济不景气的时候,大家失去信心,对未来过份悲观。当市盈率跌破10倍之时，搞实业的朋友都知道，这个价位有投资价值了，开始有资金进入。经济又开始一轮景气，人们的信心又开始对未来乐观，市盈率又开始上升，直至疯狂。

以10年为一周期计算，如果你能从悲观的10倍买入，疯狂的30倍卖出，加上上述平均收益率15%的“优秀50指数”，那么你的收益率将达到惊人的28%。当然如果保守一点，10倍买入，20倍卖出，那么你的收益率将达到23% 。无论如何，你也是巴菲特级别的了。

再延伸一下，以20年为一周期计算，如果是10倍买入，30倍卖出，那么你的收益率是21%。如果是20倍卖出，收益率是19%，比巴菲特差几个点，算了，还勉强接受吧。可以看出，30倍卖与20倍卖，就差了2%。时间越长，均值回归越明显。

三、最重要的一点。

股价＝每股盈利×市盈率，虽然解决了收益率的问题，但有一个最重要的问题还没有解决，我却认为是最关键是纪律，是耐心，是人性，是自身的精神修养。这个问题怎么解决？还真不好解决，有些人性格天生如此，一说他就明白了。有些人他永远也是做不到的。佛也说，只渡有缘人，所以我只能说，此书写给有缘人。

我所有的投资理念都说完了，以后再说的基本上也离不开这个中心，万法归宗。

不得贪胜

其实我本人不会下围棋，但本人的中国象棋水平还好，年轻时曾经到市区比赛过。因为对象棋的热爱，导致虽然不会下围棋，但也很关心围棋的新闻(这是什么逻辑)。近段时间看了石佛李昌镐写的自传《不得贪胜》，感慨良多，所以写个读后感。

李昌镐，韩国围棋职业棋手，九段，曾创造多项围棋历史记录，开创了“李昌镐时代”。他从1992年夺得第一个世界冠军起，至2007年共夺得18个个人赛冠军、13次团体赛冠军，真正实现了世界职业围棋比赛“大满贯”，甚至有专家已经将全盛时期的李昌镐与吴清源作为对比。这些成就就不一一再提了。

业内对李昌镐的棋风评价全都是一个字：“闷”。每一步都是俗手。每一盘棋往往都把长达4小时的计时用尽，不到最后都分不出胜负，毫无激情地下棋，看得人昏昏欲睡。人们经常用“俗手”这个词来形容李昌镐的棋。但正是这俗手，无人能破。每每收官之时，总能胜对方一子半目，开创出李昌镐时代。

看棋的人看得昏昏欲睡，但坐在李昌镐对面的人却汗流泱背，不敢大意。虽然李昌镐没有妙手，但每下一步就筑实了自己的地盘一分，又削弱了对方的势力半点。李昌镐虽无妙手，却滴水不漏，让对方完全找不到弱点可以攻击，只能眼看自己的地盘一点点地被蚕食。到盘终李昌镐往往只胜一子。这时对手可能觉得李昌镐运气好或者大家实力差距不大，就差这么一子，再努力一把不就能超越么。结果下次还是输一子，下下次还是输一子，每次都是输一子。

李昌镐自己本人的解释是，他并不追求所谓的“妙手”，他下的是俗手。所谓俗手，平淡无奇，但正因无奇，因而守正，不容易出错。每一手只追求51%的效率。每一手只有51%的进攻效率，而把49%的效率留在防守。最后积累下来，总能胜一子。而追求妙手的人，往往容易被胜利冲昏头脑，“毕其功与一役”，期望一手扭转局势取得胜利。虽然外界评论李昌镐下的棋是俗手，但这克制速胜的欲望诱惑，每一手下得步步为营，滴水不漏，这才是真正的大妙手。因为不贪胜，因而得胜。

李昌镐说，他当初初学围棋的时候，便要求要先学习围棋入门的十诀。其实这十诀无论与围棋，还是与投资，抑或是与我们的人生，都是一脉相通。

一、不得贪胜

胜，这种欲望，人人皆有。人入都想速胜，快胜，一夜暴富。自己手中的股票总是不涨，人家的股票总是唰唰地翻倍。或者别人用多少倍杠杆赚了多少倍。而我，从不眼红。不是我的能力可以赚的钱，为什么要眼红呢？我只赚我自己看得懂的钱，我只赚真正属于我的钱。我的全部大局都为“追求15% 的年收益率”而服务，此外，更多的钱都不是属于我的。

二、入界宜缓

股票无论买或卖，都应该分批缓慢进行。为什么很多时候我们总是说，买了之后就继续跌深套了，或卖了之后又继续涨翻倍了。当初买迟一点或卖迟一点，多好。股票就像一个巨大的轮子，要它转起来很费劲，但一旦它转起来，想它停下也不容易。这就是股票中的“势”。

三、攻彼顾我

在强烈的进攻欲望中，还要时不时地顾虑自身的形势安危。不要想着这只股票将来可以涨多少多少，就倾其所有的投入，甚至用几倍的杠杆买入。自身的安全永远是第一位的。别让上涨涨红了眼，时时刻刻检测自己的估值水位线。巴菲特的投资秘诀，永远不要亏损。

四、弃子争先

在中国的哲学词典中有一个词叫“舍得”。有些东西需要“舍弃”才会“得到”。投资之中有很多的诱惑，很多内幕消息，很多门派。其实，你做长线也好，短线也罢，投资大盘股也好，炒新股题材股也罢，功夫没有好坏之分，最怕练的人样样学点，全身都是功夫，却一无是处。隔行如隔山，即使投资股票也是如此。不可能对所有股票所有赚钱的模式都精通。舍弃诱惑好好守住你的能力圈。做什么都不重要，重要的是用一辈子做好它。要么追最强的势，要么抄最深的底，最怕两样都学，四不像。时机到了，就不要怕。

五、舍小取大

为了全局舍弃小的利益换取大的利益。相信很多人都有一种经验就是，做短线，做着做着某一天卖出之后，再也买不回来了。突然间行情便启动了。结果因为做短线赚了十几个点的利润，后面错失了翻倍的行情甚至踏空了一整个牛市。

记住，虽然不知道什么时候回来，但牛市总有一天会来的，持有好你的筹码，打雷的时候你一定要在场。

六、逢危需弃

对于价值投资者来说，高估值的要避开，无法估值的要避开，未来不确定的也要避开。巴菲特说，假如我知道自己死在那里，那么我一辈子都不会到那里去。专心寻找自己的三尺栏。

七、慎勿轻速

每一次投资决定，都应该谨慎。很多人去市场买个白菜都要讲价半天，上百万元买只股票都眼睛不眨一下。每次投资之前都应问问自己能否回答这些问题：这家公司在行业的地位？这家公司的估值在整个行业中的位置？这家公司未来的经营是否稳定？管理层是否诚信？我整个投资组合是否安全？等等。每次问这些问题，就相当于市场买菜的讲价，通过不断地比较得出最优的选择。

八、动须相应

每一次决策，每一个动作，都应该是互相配合。战术是为了配合整体战略的实现。你整个投资组合，资金配置，每一个买卖动作，甚至你工作收入，生活习惯，是否都配套你的投资人生？

九、彼强自保

当对方强势的时候，这时候最好的策略就是自保。当股价过高的时候，最好保有现金或购买低估的股票。切勿追高。我本人已经关注了招商银行、中国平安很多年，真的很多年了，却一直没有买。我还在等，等待它们向我招手的那天。芒格曾经持有债券10年时间，大家都笑他老了，过时了。直到2008年金融危机，芒格将全部债券转投股票。这种耐心，这种境界，我心往之。时机未到，不要急。

十、势孤取和

当我方弱势的时候，就要“和”。“和”是不温不火、心态平和的精神境界。世事岂能尽如人意。当你想买的股票不跌，当你卖出的股票猛涨，当你买了股票之后一直不涨，如此种种。股价往往要等待数年买入，等待数年卖出，一来一回，跨度往往十年八载。此间烦躁不安的心如何止住？“和！”读书养生，等待势转。

以上这些，无非都是对自身欲望的克制，对内心的修炼。投资也好，人生也好，拼到最后，讲的是心态。时机未到不要急，时机已到不要怕，时机已过不要悔。

回想起自己这些年的投资，都是平淡无奇，与李昌镐的围棋之道十分吻合。这些年让我真正赚大钱的股票，无非是民生银行、保利地产这些“俗手股票”。这些股票人人皆知，出名的“可能不会倒闭，却也不会上涨”。一句话就是涨得慢吞吞。很多朋友总是好心地向我提供各种“妙手股票”，明天涨停的，3 个月翻倍的。然而，一年又一年的时间过去了，我依靠着那些不可能会涨的俗手股票总资产翻了一倍又一倍。而有好些朋友，因为追求那些高速翻倍的股票搞得资产大损，还有些发誓永不再赌(他认为股市如赌场)。

比起那些天天有消息、月月有题材的，一月换手几十次的股民，我的投资历史可以说平淡无奇。十年间投资过的股票只有十多只，而且都是大盘股，而且真正赚大钱还是那么两三只。就这么十年几步，大局谋定。

从双击到三击

著名的戴维斯双击是根据"股价=盈利×市盈率"这一公式发展而来。盈利与市盈率同时上升，乘法效应导致股价相应的翻倍。简单而有效，最棒的股市赚钱方法。这个时候我想到由双击到三击的进一步扩展，提出来大家探讨一下。

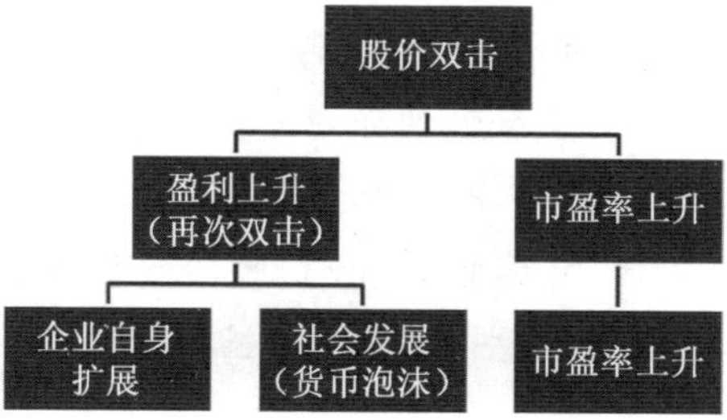

股价双击=盈利上升×市盈率上升

股价三击=企业发展×社会发展×市盈率上升

三击的实质是将原来"盈利上升"拆成"企业发展×社会发展"

一个数据是：万科2000年结算销售面积54万平方米，净利润3亿元。2011年万科结算销售面积562万平方米，净利润96亿元。依靠自身发展，万科卖楼的面积增长了10倍。但依靠货币泡沫，净利润却增长了32倍！

可以看出，三击并不适用于所有的企业，三击的前提条件是该企业的发展与社会的发展挂钩，特别是定价与社会的货币增发挂钩，或者是说所谓的定价权（不管是主动定价权还是被动定价权）。对于生产型的企业，可能并不适用三击理论，因为很多产品10年都没有怎么涨过价。至少我们应该寻找这种三击型的企业，让我们更多一层胜算。我们一直强调拥有定价权的企业，或许这是从理论上解释了定价权对股价的影响。

我们要寻找三击型股票。

A公司的市场占有率是1%，利润100亿元。通过N年的努力市场占有率达到了2%，但利润却达到了200亿元甚至300亿元。

B公司同样的市场占有率是1%，利润100亿元。通过N年的努力市场占有率达到了2%，但利润却依然只100亿元甚至还倒退。

我们应该寻找A类股票而避免B类股票。也就是所谓的量价齐升，但这个三击是有时效性的，一不小心变成了三杀。

贵州茅台也是典型的三击型股票。在2003年到2013年这十年间是其高速发展的时期。一方面，白酒市场扩容，另一方面茅台酒不断地提价。但随着人们养生的健康意识提高，政府反腐的高压，人均白酒消费量不可能无上限的提升。未来10年是否会出现量价齐跌，这需要投资者们时刻关注。

第一击：好行业。寻找未来确定性增长扩容的行业。

第二击：好公司。在高速增长的行业中寻找有定价权的优秀公司。

第三击：好时机。低估的买入价格至关重要，再优秀的公司也不能不谈估值。等待资本市场的泡沫把股价送上天。

一句话总结，用低估（至少是合理）的价格在好的行业买进优秀的公司。

三击型股票最显著的特征便是：利润的增长率/市场增长率＞1，这个数值越大越好。我们需要寻找这个数值最大的行业里面最好的公司！

一语道破本质：寻找可以不断进行自身复利的投资资产。

投资本质是一种人生哲学

世间任何事物，研究到极处，都是一门高深的哲学。

一买一卖之间看似简单，在重复了千百万次之后，买卖之间自有天地宇宙。

刚刚开始的时候很贫困，希望通过价值投资改变家族的命运，拼命努力地省下每1分钱投入到复利的投资当中。

不知不觉，15年过去了，一切甚至超越当初的预期，已经实现了财务自由，每年依靠分红就能够过上很好的生活。

这15年财富增长了很多倍，但却养成了勤俭节约的习惯。虽然财富增长让我们拥有了更多的选择权，但个人的消费开支并没有随着财富的增加而增加。因为投资做到最后发现，财富只是一个虚假的幻觉，把我们的心灵牢牢地禁锢了。

这些年来，我们都没有从股票账户上面抽出钱来消费。假如100年后通过复利有一天我们的股票账户做到100亿元、1 000亿元、1万亿元，但我们依然不会从股票账户上面取出1分钱来消费，那财富是否增长，对于我目前的生活有什么影响呢？根本就没有，股票账户上面多增加几个零，它只是带给人一种心灵上的安全感而已。

财富自由只是心灵自由，所以只要你信念足够强大，外在的物质就不重要了。有时候我在想,财富自由也很简单,自己下载一个股票模拟交易软件,在上面设置1万亿元不就行了。

价值投资做到最后就是一个不停做减法的过程,减无可减,以至无为。所谓的投资,做到最后就是拿着几个世界上最优秀的公司股票,就是在等啊等啊等啊,就可以了,没有什么新鲜的,以至每次我讲投资都讲到烦了,不想再讲了。如此简单的事情,还有什么可以讲呢?就拿着几个股票,真不懂就拿着指数基金。让时间发挥它的规律,树自然会慢慢长起来,成为参天大树。而有些人总是外求,求更多的技巧,求更快的速度,他们只是心灵上的贪婪,最后这种贪婪又会导致栽在"人性"上面。

投资在做减法,人生也是做减法。我是从一个农村出来的小伙子,曾经也被大城市的五光十色所诱惑。希望多认识几个老板,多结交几个官员,多一点粉丝,多一点影响力,多一点财富地位。以为得到这些东西人生就获得了加速器,就能够坐上火箭一飞冲天。

到后面才发现这些所有的东西都是像一块块石头,不停地往身上背,越背越重,最后步履蹒跚,都压得走不动了。

这些年,慢慢开始做减法了,看懂了生命的真相之后,跟生命无关的一切人和事,能免则免,能避则避。减到最后,发现只要有两口饭吃就行了,生命就只需要这么一点东西才是属于自己的,原来其他都是虚幻的。

甚至在吃上面都做到简单、极致,慢慢过渡到只吃五谷杂粮,无糖,无油,无盐,无烟,无酒,无菜,无肉。

生命就是这么奇妙,外在的越少,内在的却越丰富。外在越丰富,内在却越贫乏。

慢慢地,把外在的一切执着都放下,包括所谓的人脉资源、所谓的财富地位。每天都就是起来跑跑步，晒晒太阳，看看书，写写小文章。饿了吃点杂粮，口渴了喝点泉水。所有的时间过去以后，终于慢慢地想明白了，人生最后的意义就是和平的与自己心灵相处。

我们都只是一个慢慢变老的普通平凡人，然后在这个世界上留下到此一游的人生纪念碑而已。

投资让我们成为一个看似矛盾的统一体，一方面你可能拥有巨额的财富，另一方面你却把自己的欲望降到零点。正是因为这样上天才会有可能把巨额的财富交到你手上，让你暂时管理一下，因为他知道在你手上，它的效用最大、效益最高，对整个社会最好。

我在想我们家族的人生纪念碑是什么？应该就是打造一个万亿元的慈善投资基金，我们就往这个方向去努力。一方面我们以最低的欲望，无所求的姿态去活着；另一方面，以无求无为把这个事情给做好。

常怀满足心，常怀感恩心。非常感恩活在这个美好的时代。即使住在山里面，也能通过手机投资全世界。百年投资，在某种程度上与财富没有什么关系，它只是我们人生内在的修行，一面照看自己的镜子，一扇看见世界真相的窗户，一张时代崛起见证的凭证。